Mussolini e a Itália fascista

# Mussolini e a Itália fascista

MARTIN BLINKHORN

Tradução de
Ivone C. Benedetti

PAZ E TERRA

© 1984, 1994, 2006 Martin Blinkhorn. All Rights Reserved.
Authorised translation from the English language edition published by Routledge,
a member of the Taylor & Francis Group.

Traduzido do original em inglês: Mussolini and fascist Italy, third edition.

Tradução: Ivone C. Benedetti
Revisão técnica: Michael Hall
Preparação: Pedro Silva
Composição: Acqua Estúdio Gráfico
Capa: Miriam Lerner
Imagem de capa: © Michael Nicholson/Corbis/Corbis (DC)/Latinstock

CIP-BRASIL. CATALOGAÇÃO NA FONTE
SINDICATO NACIONAL DOS EDITORES DE LIVROS, RJ.

B596m

Blinkhorn, Martin, 1941-
Mussolini e a Itália fascista / Martin Blinkhorn ; tradução de Ivone C. Benedetti. – São Paulo : Paz e Terra, 2009.
120p.

Tradução de: Mussolini and fascist Italy
Inclui bibliografia
ISBN 978-85-7753-104-2

1. Mussolini, Benito, 1883-1945. 2. Facismo – Itália – História – Séc. XX. 3. Itália – Política e governo – 1922-1945. I. Título.

09-4796.
CDD: 945.091
CDU: 94(450)

015211

Editora Paz e Terra Ltda.
Rua do Triunfo, 177
Santa Ifigênia, São Paulo, SP – CEP 01212-010
Tel.: (11) 3337-8399
E-mail: vendas@pazeterra.com.br
Home page: www.pazeterra.com.br
2010
Impresso no Brasil / Printed in Brazil

# Sumário

Quadro cronológico 7

Introdução 13

1. Cenário: Itália liberal, 1861-1915   16
   *Política e sociedade na Itália liberal*   16
   *A Itália e o mundo mais vasto, 1861-1896*   18
   *Os liberais e o desafio da mudança*   20
   *Do liberalismo à democracia?*   23
   *Críticos do liberalismo*   25

2. As origens do fascismo   27
   *A Itália na guerra, 1915-1918*   27
   *Crise e convulsão no pós-guerra*   31
   *A formação de um fascista*   35

3. O fascismo conquista o poder, 1919-1925   38
   *Fascismo: do nascimento a partido de massas, 1919-1922*   38
   *A Marcha sobre Roma*   41
   *O caminho para a ditadura, 1922-1925*   45

4. A Itália sob o fascismo   51
Partido, Estado e Duce   51
O Estado corporativo na teoria e na prática   55
A política econômica fascista e seu impacto   60
Totalitarismo fascista: mitos e realidades   68

5. Diplomacia e imperialismo, 1922-1936   74
Fascismo e negócios estrangeiros   74
Diplomacia de Mussolini, 1922-1932   77
Realização do sonho imperial: Etiópia, 1932-1936   80

6. Declínio e queda do fascismo, 1936-1945   85
O Duce na guerra, 1936-1943   85
A derrubada de Mussolini   89
A República de Salò e o fim do fascismo   91

7. Como interpretar o fascismo italiano   95
Fascismo, crise moral e sociedade de massas   95
Fascismo, capitalismo e classe   98
Fascismo, totalitarismo e modernização   101
Fascismo, "religião política" e "renascimento nacional"   104

Conclusão   107

Referências bibliográficas   109

Índice remissivo   113

# Quadro cronológico

## Antes de 1900

| | |
|---|---|
| 1859-70 | Unificação da Itália |
| 1881 | A reforma eleitoral estende o direito de voto a 2 milhões de italianos |
| 1881-2 | As ambições italianas no Egito e na Tunísia são frustradas |
| 1883 | Mussolini nasce em Predappio |
| 1885-9 | A Itália ocupa a Eritreia e a Somália |
| 1892 | Fundação do Partido Socialista Italiano (PSI) |
| 1896 | A Itália é derrotada em Ádua |
| 1898-1900 | Período de crise sociopolítica |

## 1900-1915

| | |
|---|---|
| 1902-4 | Mussolini na Suíça |
| 1903-5 | Segunda administração Giolitti |
| 1904-6 | Mussolini presta serviço militar |
| 1906-9 | Terceira administração Giolitti |
| 1906-7 | Mussolini leciona |
| 1908 | Mussolini começa a carreira jornalística |
| | Os sindicalistas revolucionários saem do PSI |
| 1909 | Mussolini em Trento |

| | |
|---|---|
| 1910 | Fundação da Associação Nacionalista Italiana |
| 1910-12 | Mussolini em Forli |
| 1911-12 | Guerra da Líbia – Mussolini se opõe |
| 1912 | A esquerda controla o PSI |
| | Mussolini é editor da *Avanti* |
| | Reforma eleitoral de Giolitti – direito de voto a quase nove milhões de italianos |
| 1913 | Eleições gerais – católicos e PSI avançam |
| 1914-15 | Crise intervencionista |
| 1914 | Deflagração da guerra (agosto) |
| | Fundação dos *Fasci di Azione Rivoluzionaria* (outubro) |
| | Mussolini sai da *Avanti*, funda *Il Popolo d'Italia* e é expulso do PSI (novembro-dezembro) |
| 1915 | Tratado de Londres e ingresso da Itália na guerra (abril-maio) |

## 1915-1924

| | |
|---|---|
| 1915-17 | Mussolini serve na guerra |
| 1917 | Caporetto – derrota da Itália |
| 1918 | Vittorio Veneto – vitória da Itália |
| 1918-20 | *Biennio rosso* – "biênio vermelho" |
| 1919 | Fundação do *Fascio di Combattimento* (março) D'Annunzio toma Fiume (setembro) |
| | Eleições gerais (novembro) – fracasso fascista, PSI e *popolari* tornam-se partidos de grande porte |
| 1920-2 | Transformação do fascismo em movimento de massas |
| 1920 | Ocupação de fábricas (agosto) |
| | D'Annunzio é expulso de Fiume (dezembro) |
| 1921 | Eleições gerais (maio) – trinta e cinco fascistas eleitos |
| | Malogro do Pacto de Pacificação entre fascistas e socialistas (verão) |
| | Fundação do PNF – o fascismo torna-se partido político (novembro) |
| 1922 | Eleição do Papa Pio XI (fevereiro) |
| | Facta torna-se primeiro-ministro (fevereiro) |

QUADRO CRONOLÓGICO 9

Malogro da greve geral socialista (agosto)
Marcha sobre Roma – Mussolini torna-se primeiro-ministro
(outubro)
Criação do Grande Conselho Fascista (dezembro)
1923 Os nacionalistas aderem ao PNF (fevereiro)
Revisão da Lei Eleitoral
Caso Corfu (setembro)
Pacto do Palazzo Chigi (dezembro)
Criação da milícia fascista (dezembro)
1923-4 A Itália obtém Fiume
1924 Eleições gerais (abril) segundo o sistema revisado – vitória fascista
Caso Matteotti (junho-agosto) – a oposição abandona o parlamento
Rebelião dos cônsules (dezembro)

## 1925-1945

1925-6 Criadas as bases legais e institucionais da ditadura
1925 Mussolini anuncia a ditadura (janeiro)
Farinacci é secretário do PNF (janeiro)
Pacto do Palazzo Vidoni (outubro)
1926 Turati substitui Farinacci como secretário do PNF (abril)
Lei Rocco das relações trabalhistas
Criado o Ministério das Corporações
Declaração do Protetorado da Albânia
1927 Promulgada a Carta do Trabalho – "Quota 90"
1928 Cisão da Confederação do Trabalho fascista
Tratado de "amizade" com a Etiópia
1929 Acordos de Latrão entre a Itália e o papado
Grandi torna-se secretário das relações exteriores
1930 Giuriati substitui Turati como secretário do PNF
Bottai torna-se ministro das Corporações
1931 Starace torna-se secretário do PNF
1932 Mussolini reassume a secretaria das relações exteriores
1933 Fundação do IRI

1934 Criação de Corporações Mistas
 Crise da Áustria — tropas italianas enviadas para a fronteira (julho)
 Incidente na fronteira Etiópia–Somália (dezembro)
1935 Conferência de Stresa (abril)
 Início da guerra da Etiópia (outubro)
1936 Fim da guerra da Etiópia (maio)
 Ciano torna-se secretário das relações exteriores (junho)
 Início da Guerra Civil Espanhola — a Itália intervém (julho)
 Formação do Eixo germano-italiano (outubro)
1938 *Anschluss* — União entre Alemanha e Áustria
 Promulgação de leis raciais
 Acordo de Munique (setembro)
1939 Instituição da Camera dei Fasci e delle Corporazioni
 A Itália anexa a Albânia (abril)
 Pacto de Aço (maio)
 Deflagração da guerra — a Itália permanece neutra (setembro)
1940 A Itália entra na guerra (junho)
 Invasão malsucedida da Grécia pela Itália (outubro)
1941 Perda da África Oriental pela Itália
 A Itália participa da invasão alemã da URSS e declara guerra aos Estados Unidos
1942 El Alamein
 Aliados invadem domínios franceses do norte da África
1943 Derrota do Eixo no norte da África
 Greves no norte da Itália (março)
 Mussolini destitui líderes fascistas (fevereiro–abril)
 Aliados invadem a Sicília (julho)
 Reunião do Grande Conselho Fascista — Mussolini é deposto (24-25 de julho)
 Rendição da Itália (8 de setembro)
 Resgate de Mussolini em Gran Sasso (12 de setembro)
 A Itália declara guerra à Alemanha (outubro)
 Congresso de Verona (novembro)
1944-5 Os Aliados avançam pela Itália
1945 Morte de Mussolini (28 de abril)

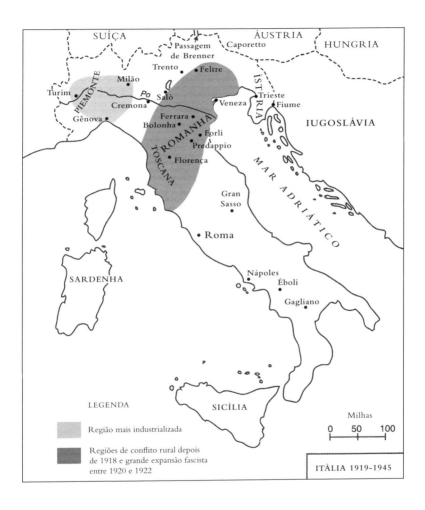

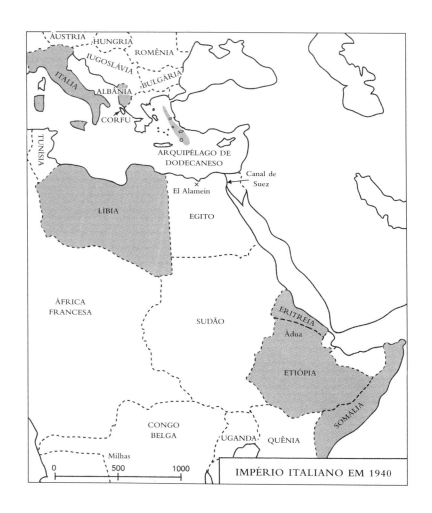

# Introdução

Quem visita Roma hoje se vê cercado por reminiscências arquitetônicas de séculos e regimes passados: de modo mais notável, os da Roma Republicana e Imperial, bem como do papado medieval e renascentista. Aqui e ali também podem ser observados vestígios de outro regime passado, que pode parecer um tanto mais distante e fugidio que qualquer outro. Um dos acessos ao Estádio Olímpico italiano, por exemplo, é por uma avenida decorada com colunas de pedras desgastadas e mosaicos decompostos, obviamente inspirados na Roma clássica (mas não por ela produzidos), para comemorar vitórias militares que marcaram época e louvar um líder, ou *Duce*, agora morto. O *Duce* era Benito Mussolini, e o regime responsável por inscrever assim os seus feitos em pedra foi o fascismo por ele comandado. Uma outra face desse regime espera pelo visitante que se aventurar pelo bairro EUR, a sudoeste da capital, onde uma série de construções modernistas, arquitetonicamente inovadoras, lembra aos romanos uma "Exposição Universal", planejada para 1942, mas nunca realizada.

Mussolini e o fascismo dominaram a história da Itália entre 1922 e 1945. De outubro de 1922 até janeiro de 1925, Mussolini, respaldado por seu Partido Fascista, foi o primeiro-ministro constitucional da Itália. De 1925 até sua destituição pelo rei Vittorio Emanuele no fim de julho de 1943, Mussolini foi ditador da Itália, e o Partido Fascista, o partido de Estado. Finalmente, de sua primeira deposição até sua morte, no fim de abril de 1945, Mussolini serviu como chefe do Estado marionete de Hitler, a República Social Italiana – também conhecida como República de Salò.

O fascismo italiano provocou grande antagonismo entre seus contemporâneos europeus. Seus vários admiradores, a maioria dos quais (mas em hipótese nenhuma todos) à direita do espectro político, tendia a vê-lo como irrompimento da energia patriótica que, uma vez no poder, substituiria as hesitações do liberalismo parlamentarista e a ameaça da revolução esquerdista com ordem, eficiência e orgulho nacional. Para os que o recriminavam, esses ganhos pareciam superficiais ou simplesmente inexistentes. Para a maioria dos esquerdistas, o fascismo era um produto da crise capitalista, e seu papel era servir aos interesses dos grandes negócios e dos proprietários rurais. Os críticos liberais esforçavam-se por encontrar uma explicação coerente para o fascismo, mas sentiam-se visceralmente repelidos pelo que viam como suas características essenciais: truculência e brutalidade na oposição, repressão sistemática no poder. Aos olhos de liberais e esquerdistas, fascismo significava supressão da liberdade de expressão, discussão e reunião, bem como a eliminação de partidos políticos e sindicatos: tudo isso sob um regime corrupto e brutal e um líder megalomaníaco cada vez mais obcecado por sonhos de conquista imperial. O debate contemporâneo sobre o fascismo italiano tornou-se parte de debates mais amplos sobre o que passou a ser visto como um "fascismo" geral, de amplitude europeia, cuja variante mais importante era o Nacional Socialismo alemão.

Atualmente, embora em boa parte do mundo a discussão sobre origens, caráter, realizações e responsabilidades do fascismo italiano possa estar em grande parte restrita aos círculos acadêmicos, na própria Itália os anos fascistas ainda são suficientemente recentes para que o debate acadêmico alcance os meios de comunicação de massa e envolva um público maior. Esse público já existe, graças à consciência e à sensibilidade dos italianos em relação ao legado do fascismo. No início do século XXI, a família Mussolini continua tendo projeção pública; um de seus membros é proeminente político de direita. Um partido político, a Aliança Nacional, com recente ascendência neofascista, ocupou postos no governo centro-direitista de Berlusconi de 2001 a 2006. E, mesmo enquanto esta introdução estava sendo escrita (2005-2006), um conhecido jogador de futebol italiano ganhava notoriedade em alguns círculos e era felicitado em outros, pelo uso atrevido da saudação fascista com o braço esticado e por admitir publicamente sua admiração pelo fascismo.

Mas o que *foi* o fascismo? Como e por que emergiu e conquistou o poder na Itália? Como foi exercido e quais as consequências desse poder? Essas são as principais perguntas que este pequeno livro procura explorar e, quando possível, responder. O fascismo, como ficará claro, não pode ser explicado inteiramente em termos de Mussolini, por mais importante que tenha sido sua contribuição, como de fato foi. Nem pode ser relegado, como se costumava fazer em alguns círculos, à posição de mera conspiração capitalista ou surto irracional da peculiar violência "latina". Produto da crise pós-guerra entre 1918 e 1922, pode ter sido parcialmente isso, porém há algo mais nele. O fascismo, para prosperar, exigia um ambiente socioeconômico específico, assim como, para desafiar o poder, precisava de um vácuo político para se mover e de um conjunto ímpar de circunstâncias, capazes de oferecer oportunidades que de outro modo poderiam não surgir. Alcançado o poder, o fascismo enfrentou problemas internos crônicos, aos quais ofereceu suas próprias soluções (às vezes novas, mas nem sempre), e adotou uma política externa graças à qual acabou por se notabilizar. Para entender esses e muitos outros aspectos do fascismo italiano precisamos primeiro examinar o cenário no qual ele apareceu e do qual nunca escaparia totalmente: a Itália liberal nascida em 1861.

# 1
# Cenário: Itália liberal, 1861-1915

## Política e sociedade na Itália liberal

O Estado italiano moderno nasceu no curso de pouco mais de uma década. Entre 1859 e 1870 a interação entre sentimento nacionalista de pequenas parcelas da população, a influência e o envolvimento de potências estrangeiras e as ambições de um Estado italiano, o Piemonte, criou um reino italiano unido. O *Risorgimento* ("ressurgimento", "ressurgência"), como é comumente conhecido o movimento pela criação da nação italiana, transmitiu à Itália um legado complexo, do qual nos interessam principalmente dois aspectos: despertou nos italianos politicamente conscientes expectativas exageradas acerca das perspectivas imediatas de poder e prosperidade para a Itália; ao forjar uma nova nação sem envolvimento ou satisfação da massa da população, produziu um sistema sociopolítico eivado de potencial fraqueza.

O novo Estado foi composto por uma monarquia limitada (a de Piemonte, elevada ao novo nível nacional), uma constituição e um sistema político liberal parlamentarista e uma administração extremamente centralizada. Desde o começo, em outras regiões da Itália, ele foi em grande parte considerado e, consequentemente, sentido como um agente de "piemontização". Era especialmente o caso do centro e do sul. Os níveis de consciência nacional eram desiguais e, em grande parte da Itália rural e provincial, extremamente baixo; persistia a lealdade às dinastias e aos dirigentes subitamente derrubados – em especial os Bourbons em

Nápoles e na Sicília, e o papado em seus antigos territórios centrais —, bem como às tradições regionais que personificavam. Para milhões de camponeses, a única realidade era a localidade e as autoridades externas eram vistas como intrusas e potenciais exploradoras. As diferenças econômicas e culturais agravavam o regionalismo e o localismo: boa parte do sul da Itália era árido, empobrecido e estava apartado do desenvolvimento progressista. O estadista austríaco Metternich certa vez chamara a Itália de mera "expressão geográfica"; agora ela parecia uma mera expressão política. Conforme observou o estadista piemontês D'Azeglio, "Fizemos a Itália, agora precisamos fazer os italianos".

O abismo entre o novo Estado italiano e grande parte de seu povo refletia-se nos mecanismos da política liberal e era alargado por ela. As bases eleitorais do liberalismo do fim do século XIX eram pequenas no início e só lentamente se ampliaram. De cerca de meio milhão de homens italianos numa população de aproximadamente 32 milhões em 1870, o eleitorado se expandiu para uns dois milhões após a reforma eleitoral de 1881 e estava em três milhões às vésperas de uma demorada e retardatária reforma eleitoral em 1912. (À guisa de comparação, é interessante notar que a Espanha, outro grande país mediterrâneo e de língua latina, que poucos italianos se preocupariam em considerar mais avançado, adotou o sufrágio universal masculino em 1890.) Por três décadas depois de 1870, os cargos políticos na Itália foram monopolizados pelo pequeno estrato de italianos, da classe média alta, sobretudo, que haviam obtido prestígio e poder durante o *Risorgimento*. Cada vez mais designados com a reveladora expressão "classe política", esses homens privilegiados, que não eram divididos tanto por diferenças fundamentais de crença ou classe quanto por lealdades regionais e rivalidades pessoais, recompensavam a Itália com um sistema de política parlamentarista que carecia de claras definições partidárias. Em vez disso, por meio da prática conhecida como *trasformismo* (transformismo), os premiers e seus assistentes parlamentares estavam constantemente procurando uma maioria estável na Câmara, estendendo favores a deputados e respectivos eleitorados. As eleições, depois da reforma de 1881 tanto quanto antes, caracterizavam-se por corrupção, manipulação, intimidação e pura e simples coação de eleitores por grupos locais e "chefões" políticos. Consequentemente, o parlamento representava a própria classe política e os que estivessem ligados a seus membros por elos familiares, regionais e econômicos em redes atualmente conhecidas como "clientelas".

Muitas dessas características da política parlamentar italiana eram em grande parte comparáveis às existentes na época em outros países do sul europeu, como Espanha, Portugal e Grécia. A falta de representatividade parlamentar na Itália, porém, era exacerbada por um fator único do país: a não participação oficial dos católicos. Isso era resultado da absorção dos territórios papais por parte do emergente reino italiano durante o auge do *Risorgimento*, em 1860-1861, e da ocupação de Roma em 1870. O papado, afrontado, reagiu com hostilidade ao que considerava agressão do Estado italiano, proibindo os católicos de qualquer participação ativa na política italiana, inclusive de votar. Num país em que cerca de 98% da população era católica batizada, isso podia parecer uma sentença de morte contra todo o sistema político. No entanto, visto que muitos italianos na verdade eram apáticos ou francamente hostis à Igreja, enquanto outros procuravam meios de combinar observância religiosa regular com desobediência às instruções do papado, a realidade ficou aquém disso. Mesmo assim, a maioria dos mais devotos entre os católicos italianos sentiu-se obrigada a acatar as instruções. Abriu-se um abismo constitucional entre a Igreja e o Estado. O anticlericalismo incrustou-se no *ethos* do liberalismo italiano, e o possível desenvolvimento de um partido conservador baseado no catolicismo foi inibido – com consequências possivelmente nefastas.

Além da importante anomalia do isolacionismo católico, a política liberal do fim do século XIX refletia com certa precisão uma sociedade esmagadoramente rural que se distinguia por formas tradicionais de agricultura, altas taxas de analfabetismo e escassa consciência política. Enquanto esse cenário mudava devagar, o liberalismo conseguia funcionar com tranquilidade, ainda que sem glória. Porém, estava para ser submetido à prova quando sua elite fosse desafiada por rápidas mudanças e novas forças sociopolíticas.

## A Itália e o mundo mais vasto, 1861-1896

No mundo de rápidas mudanças de meados do século XIX tinha sido fácil a patriotas italianos e simpatizantes estrangeiros convencerem-se de que uma Itália unificada logo se estabeleceria como grande potência. Tais expectativas logo foram aniquiladas. Os italianos mais atentos reconheciam e às vezes sentiam a importante contribuição dada por outros países, especialmente a França e a Prússia, para a criação de sua nação; daí nasceu a sensibilidade aguda que, durante décadas, políticos e intelectuais demonstraram à reputação da Itália como "a menor das grandes potências". A deficiência de recursos naturais, a baixa produtividade agrícola e o consequente atraso econômico do país, em comparação não só com potências estabelecidas como a Inglaterra e a França, mas também com outra nação nova, a Alemanha, eram suficientes para dar a certeza de que por pelo menos uma geração a Itália permaneceria, na melhor das hipóteses, como uma potência de segunda categoria. Essas dificuldades eram intensificadas pelas claras demandas da construção nacional, visto que a Itália obtivera antes do previsto uma unificação que não conseguiu ocultar as profundas divisões regionais já mencionadas e os níveis desiguais de *italianità* (italianidade). Embora fosse talvez preferível que os líderes políticos e culturais da Itália se contentassem com uma posição de segunda classe e se concentrassem nas questões domésticas, as disposições e expectativas geradas pelo *Risorgimento* e o clima de competitividade internacional intensa após 1870 garantiram que eles, ao contrário, buscassem a posição de grande potência que a Alemanha conquistara de imediato.

A política externa italiana durante a era liberal e posterior a ela foi fortemente influenciada por duas noções de expansão territorial que às vezes competiam e outras vezes se combinavam: irredentismo e imperialismo. Muitos italianos patriotas consideravam que o *Risorgimento* seria incompleto enquanto um grande número de falantes de italiano continuasse submetido ao poder da Áustria nas regiões de Trento e Trieste. A aquisição daquelas *terre irredente* (território não resgatado) era o sonho dos irredentistas italianos até 1918. Sucessivos governos liberais, porém, foram impedidos de concretizar as reivindicações irredentistas por um clima internacional desencorajador e pelas implicações das ambições italianas na mais distante África. A presença de grandes comunidades italianas em Túnis e em Alexandria, por exemplo, as atividades de comerciantes e missionários italianos no começo do século e o orgulho pela história expansionista de Roma, Gênova e Veneza, contribuíram para convencer homens como o siciliano Francesco Crispi, primeiro-ministro de 1887 a 1891 e de 1893 a 1896, de que numa era de imperialismo europeu a Itália também deveria desempenhar um papel. O argumento econômico a favor do império era frágil. A falta de riqueza financeira ou industrial exigia a expansão do mercado no exterior e a argumentação dos imperialistas reduziu-se à ideia de que as colônias gerariam riquezas para o enriquecimento da Itália, poriam fim a seu suposto "confinamento" geopolítico ao Mediterrâneo e oferecia a milhões de italianos emigrantes uma alternativa "italiana" à América do Sul e aos Estados Unidos. O perigo, que preferiam ignorar, estava na dificuldade e no custo de conquistar, defender, controlar, administrar e desenvolver as colônias, que, em consequência disso, acabariam em perda.

Embora os primeiros líderes da Itália fossem céticos quanto ao destino imperial do país, na década de 1880 eles estavam nadando contra a maré. Em 1881-1882, porém, as ambições italianas no norte da África sofreram reveses quando a França ocupou Túnis e a Inglaterra estabeleceu um controle *de facto* sobre o Egito. Restou apenas a perspectiva aparentemente menos atraente da Líbia a atiçar o interesse dos "africanistas" italianos durante outros trinta anos.

A humilhação da Itália no norte da África teve importantes consequências. Em primeiro lugar, o aborrecimento com o golpe da França na Tunísia ajudou a empurrar a Itália, em 1882, para a Tríplice Aliança com a Alemanha e o velho inimigo austríaco, desde 1867 na nova forma de Império Austro-Húngaro. Em segundo lugar, os olhos imperialistas voltaram-se então para o leste da África. O pequeno território da Eritreia foi anexado em 1885, sendo seguido em 1889 por parte da Somália. O objetivo de imperialistas como Crispi, porém, era o estabelecimento de um "protetorado" italiano por todo ou em parte do império ainda parcamente independente da Etiópia. Seus sonhos foram frustrados em 1896, quando as armas italianas sofreram esmagadora derrota contra as forças etíopes em Ádua, onde 5.000 italianos foram mortos e 2.000 caíram prisioneiros. Aos olhos de muitos italianos, o que perdeu crédito com a humilhação de Ádua não foi a ideia imperialista, mas o sistema liberal que não conseguiu transformá-la em realidade; para eles e para mais uma geração de italianos nacionalistas, o sonho de um império na África oriental continuava vivo. Quarenta anos depois de Ádua, o fascismo deveria realizá-lo.

## Os liberais e o desafio da mudança

Ser liberal no fim do século XIX na Itália não era ser democrata. Para a maioria dos membros da classe política italiana, liberalismo significava monarquia limitada (embora não sem poderes), parlamento eleito por e para uma minoria privilegiada de homens italianos, separação entre Igreja e Estado, liberdade de propriedade e um Estado que defendesse ativamente o *status quo* socioeconômico. *Não* significava sufrágio universal masculino (nem falar de sufrágio adulto, ou seja, masculino e feminino), governos que respondessem a um eleitorado de massa ou um Estado que, em conflitos socioeconômicos, fosse neutro ou atuasse a favor dos fracos. E, enquanto as mudanças econômicas, sociais e culturais foram lentas, o liberalismo italiano enfrentou poucas pressões sérias para mudar.

Na década de 1890, porém, a Itália – ou pelo menos áreas substanciais da Itália – começou a passar por uma transformação que chegava tardiamente, mas teria grande alcance. Na agricultura, cujo atraso muito contribuiu para o pouco desenvolvimento econômico geral da Itália, a introdução de métodos capitalistas e maquinaria moderna criou, no fértil Vale do Pó da Itália setentrional, uma nova espécie de *agrari* ("proprietários rurais") abastados e empreendedores, uma classe numerosa de lavradores sem terra e uma significativa camada intermediária de administradores e técnicos rurais; em outras regiões, como a Toscana, onde os proprietários costumavam dividir suas terras entre arrendatários e *mezzadri* ou "meeiros" (camponeses contratualmente obrigados a entregar ao proprietário uma parcela, frequentemente a metade, da colheita ou dos ganhos), para muitos camponeses, a vida e as condições gerais mudaram para pior. Na região noroeste delimitada por Milão, Turim e Gênova, a transformação era ainda mais profunda. Ali, a rápida industrialização acabou ocorrendo com o desenvolvimento da indústria pesada e seus ramos: ferro e aço, metalurgia e engenharia, indústria naval, armamentos e automóveis, eletricidade e produtos químicos. Por volta de 1914 já havia surgido no norte uma poderosa classe de banqueiros e industriais, estreitamente ligados entre si e a um Estado protecionista. Assim como a nova e moderna (embora ainda concentrada) classe trabalhadora produzida pela industrialização, começava a surgir uma "nova" classe urbana: o aumento da oferta educacional nas pequenas e grandes cidades em rápido crescimento estava produzindo uma classe média baixa ansiosa por ocupar cargos gerenciais e burocráticos em escritórios para assim se manter distante do proletariado. O efeito desses desenvolvimentos foi a radical alteração das relações na sociedade italiana setentrional e central, o que acarretou demandas e conflitos que, por sua vez, contribuiriam fortemente para a ascensão do fascismo.

O desenvolvimento econômico fez-se sentir no sul da Itália muito menos que no norte e no centro. O "problema meridional", de que os primeiros governos liberais se esquivaram, tornou-se mais difícil à medida que a industrialização e a modernização da agricultura ampliava o abismo entre norte e sul. Para a vasta população rural subempregada do sul, uma das saídas era a emigração para as Américas – principalmente Estados Unidos, Argentina, Uruguai e Brasil – ou para o norte da África; em 1914, quando a população da Itália era de 35 milhões de habitantes, entre 5 e 6 milhões de italianos moravam no exterior. A emigração pode ter sido sintoma dos problemas do sul e até pode tê-los aliviado um pouco, mas não era a solução. Grande parte do sul continuou econômica e culturalmente empobrecida, socialmente estagnada e politicamente inerte; a minoria com direito a voto era manipulada por fraudes eleitorais que mantinham os políticos liberais no poder.

Nas regiões onde as rápidas mudanças de fato ocorreram, seguiram-se naturalmente novos desdobramentos políticos. A reforma eleitoral de 1881 deu direito de voto principalmente a italianos de classe média urbana, em locais onde a fraude eleitoral logo se tornaria mais difícil do que os políticos liberais haviam previsto. O resultado foi a eleição de significativo grupo de deputados radicais e republicanos; críticos ostensivos da inércia liberal, esses grupos pressionaram no sentido de uma reforma eleitoral mais avançada e de maior responsabilidade do governo no Parlamento. Em 1892, outra forma de oposição política, potencialmente mais ameaçadora para a oligarquia liberal, surgia com a fundação do Partido Socialista Italiano (PSI). A despeito das limitações do direito de voto e apesar de banido em meados da década de 1890, o PSI se expandiu bem depressa, passando a constituir significativa força política. Depois da virada do século, os sindicatos socialistas (e, em alguns distritos, anarquistas) angariaram cada vez mais apoio dos trabalhadores da indústria e do campo, sobretudo na Itália setentrional, mas também em partes das regiões meridionais, como a Sicília e a Apúlia. Esse crescimento ocorreu durante a década de 1890, num contexto de disseminação de agitações sociais e trabalhistas, violentas em alguns lugares, às quais as autoridades – especialmente durante os mandatos de Crispi e Di Rudinì – responderam com uma política de repressão, como era expectativa do patronato liberal. Em grande parte como reação aos novos desafios de um socialismo materialista e "ateu", os católicos italianos da virada do século começaram a sair do isolamento, participando cada vez mais da política e criando seus próprios sindicatos. Embora nesse período ainda fosse preciso esperar quase duas décadas para a formação de um partido político católico, as placas tectônicas da política italiana começavam a mover-se.

## Do liberalismo à democracia?

Para que o parlamentarismo e alguma forma de liberalismo (obviamente modificado) sobrevivessem, era vital que o sistema político italiano e suas lideranças políticas se adaptassem a tais mudanças. Embora os liberais radicais demonstrassem disposição de fazê-lo, os conservadores da ala direita do espectro liberal não estavam dispostos a aceitar as imposições parlamentares crescentes nem a procurar entender as raízes do mal-estar e dos distúrbios sociais. Ao contrário: durante a década de 1890, especialmente entre 1898 e 1900, os conservadores políticos e militares procuraram provocar o retorno a um sistema de governo mais autoritário. Malograram, graças em parte à sua própria incompetência e pusilanimidade, mas também à resoluta resistência dos elementos mais genuinamente liberais e democráticos – entretanto, a relutância dos chamados liberais conservadores a acatar a genuína democracia parlamentar ficou evidente e era preocupante.

A reunião das forças que poderiam ser consideradas as mais autenticamente liberais e democráticas, para sobrepujar a evidente ameaça do autoritarismo, era, porém, um desdobramento animador. O novo século, na verdade, trouxe uma tentativa real, embora ainda controversa, de abrir o sistema liberal a novas correntes. Seu principal arquiteto era o dominante estadista liberal das primeiras duas décadas do século, Giovanni Giolitti. Três vezes primeiro-ministro antes da Primeira Guerra Mundial (novembro de 1903 a março de 1905, maio de 1906 a dezembro de 1909 e março de 1911 a março de 1914), exercendo poderosa influência mesmo fora do cargo, Giolitti procurou atrair as forças populares emergentes do socialismo e do catolicismo para o espaço parlamentar, respectivamente com uma atitude imparcial diante das disputas trabalhistas e com um arrefecimento do tradicional anticlericalismo liberal. Os críticos contemporâneos acusaram Giolitti de falta de verdadeira visão ou estratégia democrática, coisa que muitos historiadores posteriores discutiram. Na melhor das hipóteses – argumenta-se –, concedendo o suficiente e nada mais que isso às novas forças, ele procurava preservar as características essenciais do liberalismo tradicional; na pior, ele estava preocupado principalmente em sustentar sua própria posição. No entanto, por mais válidas que possam ser essas acusações, a estratégia de Giolitti pelo menos abriu alguma possibilidade de participação de mais italianos nas questões nacionais e de dirigir o liberalismo para um período de grandes mudanças. O crescente pragmatismo dos líderes católicos, e a tendência inicialmente forte de moderação entre as lideranças do Partido Socialista tornaram exequível essa estratégia em meio ao otimismo econômico dos anos 1901-1907. Em 1912 a reforma eleitoral de Giolitti triplicou o eleitorado, que chegou a quase 9 milhões de eleitores, dando repentinamente à Itália um sufrágio masculino quase universal.

Nessa época, porém, a estratégia de Giolitti estava indo por água abaixo. O *boom* econômico desacelerou a partir de 1907-1908, e em 1911 Giolitti engajou a Itália no esforço de tomar a Líbia das mãos de um Império Otomano em rápido declínio. Isso acalmou temporariamente os liberais conservadores, os nacionalistas de extrema direita e harmonizou imperialistas de diferentes cores políticas, mas alienou a maioria dos socialistas e ajudou a fortalecer a ala esquerda do PSI, cada vez mais poderosa e vociferante. Entre os muitos militantes socialistas que se opunham à guerra da Líbia estava Benito Mussolini, então com 28 anos. No congresso nacional do PSI, em 1912, a esquerda revolucionária conseguiu assumir a organização do partido. Os avanços socialistas nas eleições gerais de 1913, a onda de greves e a atividade quase revolucionária que se seguiu expuseram as limitações das realizações de Giolitti: o liberalismo italiano ainda precisava resolver os problemas apresentados pelo advento da política de massas. Os liberais teriam apenas mais uma oportunidade.

Contudo, é importante ressaltar que, por mais problemáticas que tenham sido as condições do liberalismo italiano – ou o que a partir de 1913 talvez possa ser chamado de democracia liberal –, enquanto a Europa resvalava para o cataclismo de 1914-1918 não se pode considerar que ele estivesse fadado ao fracasso. Sem a guerra e suas consequências, tudo teria sido diferente e todos os tipos de oportunidade para uma mudança política pacífica ainda poderiam ter-se apresentado. E, embora o colapso final da democracia liberal italiana estivesse longe de ser inevitável, a forma específica de seu colapso – o aparecimento do fascismo e sua tomada do poder – ainda era inimaginável.

## Críticos do liberalismo

Nos anos finais do século XIX e nos primeiros anos do XX, a maioria dos países europeus com sistema político parlamentarista testemunhou o surgimento de grupos culturais e políticos hostis aos mecanismos do liberalismo parlamentar e aos princípios de tolerância e pluralismo que estavam por trás deles. A Itália não era exceção. A humilhação nacional no norte e no leste da África e a ascensão do socialismo internamente inspiraram uma minoria vociferante de intelectuais italianos a atacar o liberalismo em termos atraentes para um crescente número de jovens instruídos. O poeta Gabriele D'Annunzio, por exemplo, apaixonava seus leitores com ataques à suposta decadência liberal e sua exaltação da violência. Seus pontos de vista, apesar das grandes diferenças de tom, tinham intersecções com os do futurismo, movimento literário, artístico e semipolítico liderado por Filippo Marinetti, que enaltecia a força física, a tecnologia moderna e a guerra. De uma perspectiva diferente, os teóricos "elitistas" Vilfredo Pareto e Gaetano Mosca corroíam os próprios princípios da democracia liberal, afirmando que a emergência das elites em todos os sistemas políticos era inevitável, desejável e merecia encorajamento ativo – na verdade, institucionalização formal.

Esse descontentamento assumiu forma mais política e foco mais nítido no nacionalismo italiano. Entre as figuras de liderança da Associação Nacionalista Italiana, fundada em 1910, estavam Enrico Corradini e dois futuros arquitetos do Estado fascista, Luigi Federzoni e Alfredo Rocco. Os nacionalistas atribuíam ao liberalismo a total responsabilidade pelo atraso econômico e pela baixa reputação internacional da Itália. Acusavam a classe política liberal de seu país de fraqueza e corrupção, e criticavam severamente o próprio liberalismo, como sistema de ideais e instituições, por permitir que a unidade e a força nacionais fossem enfraquecidas por divisões e conflitos de classe, cultura e ideologia. Sintoma disso era o crescimento, dentro do sistema liberal, da força que, entre todas, mais dividia e ameaçava: aquilo que Corradini chamava de "ignóbil socialismo". As soluções propostas pelos nacionalistas para os alegados males do liberalismo eram sua substituição por um governo francamente autoritário, que propusesse um desenvolvimento capitalista irrestrito e uma política externa imperialista. A solidariedade forçada entre todas as classes sociais numa "nação proletária" como a Itália possibilitaria – eles insistiam – a maximização das energias produtivas do país e, por meio do imperialismo, o capacitaria a desafiar com sucesso nações "plutocráticas" como a Inglaterra e a França.

Embora a Associação Nacionalista Italiana angariasse apoio significativo entre jovens patriotas pertencentes à classe média urbana escolarizada, seus líderes não se empenharam em nenhuma tentativa de transformá-la num real movimento de massas. Como francos elitistas, preferiam a estratégia que um contemporâneo inglês, Hilaire Belloc, chamava de "influenciar os influenciadores", estabelecendo importantes contatos e autoridade entre políticos conservadores, católicos e homens de negócios.

Embora francamente de direita, nos anos anteriores à Primeira Guerra Mundial os nacionalistas chegaram a dividir o terreno com dissidentes da esquerda. Durante a primeira década do século XX uma corrente conhecida como "sindicalismo revolucionário" afastou-se do PSI. Disseminado por grande parte da Europa antes de 1914, o sindicalismo revolucionário era uma linha do esquerdismo militante que rejeitava a ação política de partidos e parlamentos apoiando uma revolução. Os italianos dessa corrente, como Edmondo Rossoni, desafiavam o PSI com uma estratégia em que o sindicato seria não só um agente da revolução, mas também a base de uma nova ordem social. Em 1914, alguns revolucionários tinham ido além. Embora ainda discutindo a aplicação na Itália das ideias marxistas que tinham levado a maioria deles para o PSI, chegaram à conclusão de que não só a revolução não seria realizada pelo partido como tampouco pela classe trabalhadora, nas circunstâncias do momento ou nas futuras. O mais decisivo foi terem concluído que a fonte dos males da Itália não era o poder do capitalismo italiano, e sim sua fraqueza, e que a responsabilidade disso era da classe política. Decidiram então que o *establishment* liberal deveria ser derrubado por uma revolução de todas as "forças produtivas", desde os empresários de classe média até os trabalhadores. Essa posição não era idêntica à dos nacionalistas mais conservadores, mas a oposição ao liberalismo e ao socialismo do PSI os reuniu numa fusão que ajudou a engendrar o fascismo. Também neste caso, porém, é necessário enfatizar que no início de 1914 nada havia de inevitável ou mesmo claramente previsível nessa convergência ainda improvável. O que de fato iniciou um processo que duraria mais uma década foi o advento de uma guerra europeia e a reação dos italianos a ela.

# 2
# As origens do fascismo

## A Itália na guerra, 1915-1918

A deflagração, em agosto de 1914, do que se tornaria a Primeira Guerra Mundial implicou imediatamente cinco potências – Inglaterra, França e Rússia (a Tríplice Entente) de um lado, e Alemanha e Áustria-Hungria (Poderes Centrais) de outro. A Sérvia, cujo confronto com Império Austro-Húngaro tinha desencadeado tudo, ficou do lado da Entente desde o começo, ao passo que o Império Otomano se alinhou com os Poderes Centrais no fim de outubro de 1914. Vários outros países europeus demoraram mais – semanas, meses ou até anos – para decidir se interviriam ou não. Em alguns, um debate acalorado irrompeu tanto entre as elites políticas quanto entre o público em geral – na Espanha, por exemplo, que então permaneceu neutra o tempo todo, e em Portugal, que acabou intervindo do lado da Entente. Em dois países europeus mais ao sul – Grécia, na qual o debate literalmente dividiu o país e resultou em uma guerra civil, e Itália – a discussão era muito violenta, e seus efeitos, tenazes. A Itália contrastava, por ser a única suposta grande potência a passar por tal experiência e a única nação não inserida nos compromissos de tratados surgidos na Europa a partir da década de 1880.

A polêmica acerca dos méritos opostos da intervenção e da neutralidade, que durou desde a deflagração da guerra até o fim de maio de 1915, infligiu importantes danos no tecido político da Itália. Pelo que se pode calcular, a maioria dos italianos politicamente conscientes se encontrava em campo neutro. Entre eles havia três elementos mais importantes: a esmagadora maioria dos socialistas do PSI, hostis a uma guerra "capitalista" e "imperialista"; os católicos, fortemente influenciados por um papado pró-Áustria, que se opunham lutar ao lado da Inglaterra protestante e da França anticlericalista contra a Áustria majoritariamente católica; e os liberais "giolittianos" moderados, que temiam os possíveis efeitos da guerra sobre a Itália, a despeito de suas simpatias pela Entente. Os intervencionistas, pode-se dizer, eram um grupo até mais heterogêneo. Naquilo que ainda era considerado a esquerda incluíam-se sindicalistas revolucionários, alguns dissidentes socialistas (sobretudo do sul) e uma mistura de radicais, republicanos e democratas. Para esses grupos e outros, como os futuristas de Marinetti, era vital que a Itália se comprometesse com as forças do progresso representadas pelas democracias da Entente. Os intervencionistas mais revolucionários tinham maior atração pela perspectiva que os liberais giolittianos mais temiam: que os efeitos domésticos do envolvimento italiano pudessem desencadear uma sublevação social e política e, assim, dar origem a uma ordem política inteiramente nova. À direita dos intervencionistas estavam os liberais mais conservadores e, claro, os nacionalistas. Estes últimos deixaram de lado sua admiração pelo autoritarismo alemão na esperança de que a Itália, aliada da Inglaterra e da França, conquistasse o território austríaco a nordeste e em torno do Adriático, bem como colônias do Oriente Médio às custas de um decadente Império Otomano. A intervenção ao lado dos parceiros da Itália na Tríplice Aliança não tinha tantos atrativos. Alguns liberais conservadores, como Antonio Salandra, primeiro-ministro a partir de março de 1914, também compartilhavam as esperanças dos nacionalistas – em evidente contraste com as dos intervencionistas de esquerda –, de que a participação naquilo que acreditavam que seria uma guerra breve e vitoriosa forjaria uma nova solidariedade entre a população cada vez mais dividida da Itália e facilitaria o fortalecimento da autoridade do Estado. Durante o inverno de 1914-1915 e o início da primavera de 1915 o debate se intensificou, extravasando com estardalhaço e, às vezes, com violência para as ruas das cidades italianas. O clímax foi atingido depois de 26 de abril de 1915, quando a Itália assinou o Tratado de Londres e se comprometeu com a causa anglo-francesa. A aprovação parlamentar, ainda que constitucionalmente não necessária, era de qualquer modo importante antes de se entrar na guerra; durante quase um mês, até que o Parlamento apoiasse esmagadoramente a intervenção em 20 de maio, as ruas das principais cidades italianas retumbaram com demonstrações orquestradas por nacionalistas, futuristas e brigadas de inspiração sindicalista chamadas Fasci di Azione Rivoluzionaria (Grupos de Ação Revolucionária, FAR). A palavra *fascio*, embora usada com o significado de grupo formado com fins políticos, naquele estágio tinha conotações esquerdistas, lembrando os *fasci* esquerdistas da Sicília, ativos durante a década de 1890; os FAR representavam o primeiro ensaio organizado do fascismo da década de 1920. Ainda que, na realidade, as decisões cruciais referentes à intervenção fossem tomadas por conservadores, como o primeiro-ministro Salandra e o rei Vittorio Emanuele III, grande parte do crédito foi roubado pelos militantes dos FAR e outros que se manifestaram durante aquilo que passaram a chamar miticamente de "Maio Radiante". Um deles, como veremos em breve, era Benito Mussolini.

Verificou-se que a guerra foi uma luta muito mais longa e exigente do que a maioria dos intervencionistas conservadores havia previsto e em nada atendeu suas expectativas de uma nova união mais estreita e permanente entre povo, nação e Estado. Ao contrário – e os intervencionistas de esquerda haviam previsto –, seu impacto sobre a sociedade e a política italianas foi grande e conturbador. Cerca de 5,9 milhões de homens italianos foram convocados, dos quais mais de 4 milhões realmente serviram na zona de guerra, nas montanhas da fronteira austríaco-italiana. As baixas italianas foram elevadas: mais de meio milhão de mortos, 600 mil prisioneiros e um milhão de feridos, dos quais 450 mil permanentemente inválidos. A dor distribuiu-se desigualmente: a infantaria italiana era formada principalmente por camponeses convocados, muitos arrancados pela primeira vez do solo natal para servir, por razões que mal entendiam, um país com o qual se identificavam imperfeitamente. Por conseguinte, poucos podiam sentir grande entusiasmo pela cause italiana, e, à medida que o tempo passava, crescia seu ressentimento. O principal alvo de sua raiva era a distante classe dirigente, que os mandara para o front com pouca ou nenhuma promessa de recompensa material. Não muito atrás destes, porém, estavam o PSI neutralista e os trabalhadores da indústria, a maioria dispensados do serviço militar. Também havia queixas nas classes mais altas e em altos escalões militares. Surgiram mais ou menos 140 mil novos oficiais durante a guerra, a maioria jovens com alto nível de escolaridade e integrantes da classe média italiana. Muitos destes, independentemente de sua atitude inicial em relação à guerra, criaram forte sentimento de camaradagem no front, identificação com o esforço de guerra e com os propósitos expansionistas, e desconfiança dos burocratas da política italiana, o que teria importantes repercussões nos tempos de paz.

Além do impacto sobre os participantes, a guerra também provocou profundas mudanças na própria Itália. A mais significativa consistiu no rápido crescimento e no aumento da concentração das indústrias mais diretamente ligadas à produção de guerra: metalurgia, engenharia, indústria naval, armamentista, química e automobilística. Qualquer ideia de expansão duradoura, porém, era enganosa, pois a máquina de guerra italiana demandava e consumia produtos industriais de um tipo e com uma velocidade que nenhuma economia de paz conseguia suprir. Isso era ainda mais sério diante do concomitante crescimento e da maior sindicalização da classe trabalhadora industrial. Uma economia distorcida, potencialmente carente de matérias-primas, de saídas para a exportação e incapaz de dispor de um mercado doméstico sólido: foram esses os fatores das dificuldades no pós-guerra. Os homens que voltavam do front e estavam entre as principais vítimas dessa situação dificilmente ficariam inertes diante dos outros que haviam enriquecido enquanto eles enfrentavam a morte: não só especuladores das áreas financeira e industrial, mas também camponeses ambiciosos, que tinham aproveitado as oportunidades do período de guerra para comprar mais terras. Enquanto isso, a situação política mostrava-se cada vez mais desanimadora. Com o neutralista Giolitti posto à margem, três *premiers* do período da guerra – Salandra (março de 1914-junho de 1916), Paolo Boselli (junho de 1916-outubro de 1917) e Vittorio Emanuele Orlando (outubro de 1917-junho de 1919) – esforçavam-se de modo não convincente para tocar o governo sem ele. Para muitos italianos, o governo liberal passaria a parecer ineficaz e irrelevante.

A crise da guerra da Itália ocorreu em outubro de 1917 com a calamitosa derrota italiana em Caporetto diante das forças austríacas. Em poucas semanas 10 mil italianos morreram, 300 mil foram feridos e 300 mil foram capturados pelos austríacos, cujo exército avançou setenta milhas em território italiano, antes austríaco. A derrota, ainda que revertida nas últimas semanas da guerra em Vittorio Veneto, chocou a opinião pública italiana, produziu uma adesão sem precedentes ao esforço de guerra e estimulou o governo Orlando a uma campanha tardia de propaganda. Com demasiado atraso, provavelmente para ter bons resultados duradouros, o compromisso dos políticos com a democracia foi afirmado quando as tropas camponesas receberam a promessa de terras e de melhor tratamento assim que a guerra terminasse. Outro acontecimento, simultâneo a Caporetto, pode ter estimulado a decisão dos políticos e sem dúvida influenciaria os acontecimentos posteriores: a Revolução Bolchevique na Rússia.

## Crise e convulsão no pós-guerra

A propaganda oficial após o desastre de Caporetto, com o objetivo de levantar o moral e obter apoio público para o esforço de guerra, enfatizou ao máximo as melhorias que supostamente esperavam os italianos depois de obtida a vitória e terminada a luta. Qualquer otimismo gerado por tais mensagens, porém, logo foi dissipado, quando a paz retornou e a realidade da condição da Itália no pós-guerra se tornou clara. A economia italiana foi afetada por uma sucessão de crises que se sobrepuseram: carência de alimentos e matérias-primas em 1918 e 1919; inflação galopante que, iniciada durante a guerra, continuou até 1921; e crescimento rápido do desemprego, quando 2,5 milhões de homens desmobilizados voltaram no começo de 1920.

Esses problemas se abateram sobre o sistema político da Itália justamente quando ele se readaptava de pronto a um mundo de política de massas com o qual muitas de suas práticas e a maioria de seu pessoal não estavam em sintonia. A deflagração da guerra privara a elite política do país de qualquer chance de adaptação gradual ao advento do sufrágio masculino quase universal em condições que pudessem ser consideradas "normais". Seguiu-se então outra mudança radical nas regras do jogo político, quando a representação proporcional, que favorecia os partidos modernos e organizados em detrimento da política clientelista tradicional, foi introduzida para as eleições de 1919 como cumprimento das promessas de democracia feitas em tempos de guerra. Os dois maiores partidos surgidos das reformas eleitorais e das eleições de 1919 foram o PSI e uma nova força, o Partito Popolare Italiano (Partido Popular Italiano, PPI). O PSI não só marcou presença em nível parlamentar como também, nas eleições locais, ganhou controle de muitas pequenas e grandes cidades em toda a Itália setentrional. O PPI, partido católico fundado em janeiro de 1919 por um padre siciliano, Luigi Sturzo, representava o auge da integração católica no sistema político italiano, fenômeno iniciado na virada do século. Foi criado com aprovação do papa e, embora oficialmente independente do controle do Vaticano, sempre seria sensível às suas influências e pressões.

Quase da noite para o dia o futuro da jovem democracia italiana — pois é assim que deveria agora ser chamada — acabou por ficar em grande parte nas mãos desses dois partidos de massas, figuras de um novo tipo de política que os parlamentares liberais — grupo que encolhia, mas ainda tinha um remanescente substancial — consideravam de um exotismo desconcertante. Nem o PSI nem o PPI tinham força suficiente para governarem sozinhos, e, a despeito das bases comuns a socialistas moderados e *popolari* reformistas (membros do PPI), o antagonismo recíproco da esquerda socialista e da direita católica bloqueava qualquer perspectiva de uma coalizão reformista que, estimulada por grupos de republicanos e liberais radicais, pudesse guiar a Itália para uma era genuinamente democrática. O poder, ou melhor, os ministérios e o que mostrou cada vez mais ser mera sombra do poder recuaram assim por omissão às velhas oligarquias liberais. Quatro produtos do antigo regime — Francesco Nitti (junho de 1919-junho de 1920), Giolitti (junho de 1920-julho de 1921), Ivanoe Bonomi (julho de 1921-fevereiro de 1922) e Luigi Facta (a partir de fevereiro de 1922) — ocuparam o posto de primeiro-ministro entre o fim da guerra e os acontecimentos que atingiram o clímax em outubro de 1922. Esses três anos deveriam mostrar como era limitada a capacidade dos líderes liberais para lidar com um ambiente político transformado e com as forças que ele agora refletia.

Duas questões simultâneas dificultavam o governo no pós-guerra: a agitação social e as queixas dos nacionalistas. Greves e ocupações "ilegais" começaram a afetar a indústria e a agricultura durante o último ano da guerra, atingindo o auge durante o *biennio rosso* ("biênio vermelho") de 1919 e 1920. A sindicalização, que aumentara muito durante a guerra, elevou-se ainda mais abruptamente no imediato pós-guerra: a da socialista Confederazione Generale del Lavoro (Confederação Geral do Trabalho, CGL), de 250 mil para mais de 2 milhões de membros, e a dos sindicatos católicos, de 160 mil para 1,25 milhão. A militância no norte e no centro da Itália, polarizada pelos socialistas e, na zona rural, pelos *popolari* de esquerda, era praticada por trabalhadores da indústria e do campo, bem como por camponeses pobres. Os conflitos mais violentos ocorreram no noroeste industrial e nas regiões agrícolas da Emilia-Romanha e da Toscana. Muitos italianos conservadores, assim como todos os conservadores da Europa, sentiam-se aterrorizados com a possibilidade da disseminação do bolchevismo soviético para o ocidente, interpretando a agitação não como produto da aceleração das mudanças de longo prazo e das privações do imediato pós-guerra, mas como o início de uma revolução "bolchevique" italiana. A fanfarronada pseudorrevolucionária da esquerda do PSI – os "maximalistas" liderados por Giacinto Serrati – sem dúvida promoveu tal medo. De um modo diferente, o mesmo efeito teve, em 1919 e 1920, a disseminação do poder e da influência socialista por grandes áreas da Itália setentrional, tanto nos distritos industriais urbanos e quanto nos rurais agrícolas. O patronato industrial e os proprietários rurais viam-se diante daquilo que poderia ser visto e sentido, se não como os primeiros estágios da revolução, pelo menos como uma importante e talvez irreversível transformação na distribuição do poder do capital para o trabalho. Na realidade, porém, a falta de genuína liderança revolucionária por parte de Serrati e dos maximalistas e a completa ausência de instigação soviética tornaram improbabilíssima a ocorrência ou mesmo qualquer tentativa séria de uma revolução bem-sucedida. Em 1921 uma minoria de autênticos comunistas, liderada por Amadeo Bordiga e Antonio Gramsci, saiu do PSI, reduzindo ainda mais, e talvez definitivamente, qualquer potencial revolucionário que o PSI pudesse ter tido; mas não foi criado um Partido Comunista suficientemente poderoso para executar sozinho essa tarefa. Naquela época, em todo caso, o socialismo militante já estava em refluxo. O clímax do *biennio rosso* ocorreu em agosto de 1920, quando trabalhadores da indústria metalúrgica e automobilística ocuparam fábricas em todo o "triângulo" Turim-Milão-Gênova e alguns lugares fora dele. Quando as ocupações malograram, a maré da militância operária e camponesa começou a refluir.

    O patronato industrial e os *agrari* abastados agora se viam diante da oportunidade de contra-atacar. No transformado mundo da Itália do pós-guerra eles estavam cada vez menos dispostos a simplesmente aceitar a política de imparcialidade governamental em relação aos conflitos trabalhistas, política que, introduzida por Giolitti no começo do século, de certo modo tinha-se tornado norma desde então. Por isso, durante o ano de 1920, eles começaram a buscar um novo meio de organizar as relações tripartites entre capital, trabalho e Estado. O antissocialismo dos ricos, ademais, era amplamente comungado nos graus mais baixos da escala social por inúmeros italianos menos abastados, rechaçados pelo monopólio que os socialistas exerciam sobre bons postos de trabalho em distritos sob seu controle e, até mais talvez, pelas imprudentes hostilidades verbais e, às vezes, físicas da esquerda socialista para com os veteranos de guerra de todas as classes.

O apego emocional que muitos veteranos e outros italianos inclinados ao nacionalismo tinham pela luta travada nos tempos da guerra e a seus objetivos ajudou a alimentar o segundo grupo de problemas dos governos do pós-guerra. Embora fosse inegável que, durante as discussões do Tratado de Versalhes, em 1919, Orlando e a delegação italiana não tivessem sido tratados em pé de igualdade pelos Aliados, os ganhos finais da Itália estavam longe de ser desprezíveis. Em primeiríssimo lugar, o Império Austro-Húngaro foi desmembrado. A incapacidade da nova república austríaca de representar uma ameaça (pelo menos unilateralmente) foi reforçada pelo avanço da fronteira nordeste da Itália até a Passagem de Brenner. Além disso, no extremo do Adriático, a Itália anexou o importante porto marítimo de Trieste e grande parte da Península de Ístria. Esses ganhos territoriais, embora não extensos, atenderam em grande parte os anseios irredentistas de completar o *Risorgimento* trazendo para o reino da Itália todos os distritos onde se falasse italiano, com exceção dos suíços. Nesse processo, a Itália também recebeu minorias alemãs e eslavas.

O que a Itália não recebeu em Versalhes, origem do mito de uma "vitória mutilada", foi mais território ao redor do Adriático e colônias na África e no Oriente Médio. Uma cidade do Adriático, Fiume, tornou-se um caso célebre quando, em setembro de 1919, foi tomada de suas forças provisórias de ocupação, formadas por quatro potências, por um grupo de italianos veteranos de guerra, muitos dos quais antigos *Arditi* ou comandos, liderados pelo poeta aventureiro Gabriele D'Annunzio. O carismático D'Annunzio e seus flibusteiros controlaram Fiume por mais de um ano, instalando uma chamada "regência", desafiando tanto a ordem internacional quanto um perplexo governo italiano. Qualquer que fosse a opinião dos políticos liberais acerca de D'Annunzio, em amplas faixas do público italiano ele era visto como herói. Enquanto os fanáticos nacionalistas louvavam o patriotismo e a coragem de D'Annunzio, os revolucionários não socialistas observavam com interesse sua publicação de uma constituição, a Carta de Carnaro, que parecia representar um plano diretor para o tipo de Estado novo que muitos deles tinham em mente. Não era de surpreender, uma vez que um deles, Alceste De Ambris, era um dos principais autores da Carta. Assim como a promulgação de um "Estado de produtores" por parte de D'Annunzio foi um modelo que o fascismo depois desposaria, o mesmo se pode dizer do "estilo" do regime de D'Annunzio, com suas paradas, criação de *slogans*, cantos rituais e discursos em sacadas. Na época em que Giolitti finalmente expulsou D'Annunzio de Fiume, em dezembro de 1920, o poeta revolucionário tornara-se herói e líder potencial de inumeráveis italianos ansiosos por reparar o suposto insulto da "vitória mutilada" e destruir o liberalismo sem sucumbir ao "bolchevismo". Outro desses italianos, eclipsado na época por D'Annunzio, era Benito Mussolini.

## A formação de um fascista

Benito Mussolini nasceu em 1883 perto de Predappio, cidadezinha da região centro-setentrional da Romanha. Sendo parte dos Estados papais até a Unificação, a Romanha alimentou uma tradição de rebeldia bem representada pelo pai de Mussolini, ferreiro republicano e socialista. O jovem Benito (que recebeu o nome do revolucionário mexicano Benito Juárez) parece ter herdado do pai muito do temperamento e as visões políticas gerais. Um histórico escolar medíocre e tumultuado, maculado por vários atos de violência pessoal, foi, apesar disso, concluído com a qualificação de Mussolini em 1902 como professor. A partir daí até 1910, ele levou existência diversificada. Dois períodos de magistério malsucedido foram interrompidos por dois anos (1902-1904) na Suíça como trabalhador braçal temporário e, ocasionalmente, vagabundo, e por outros dois anos (1904-1906) de serviço militar na Itália. A partir de 1908 ele começou a descobrir sua verdadeira profissão, a de jornalista de esquerda, primeiramente na Trento austríaca e depois, voltando à Romanha, na cidade de Forlì. Lá, a partir de 1910, como editor do jornal socialista da cidade e secretário de seu PSI, Mussolini estabeleceu as bases de seu poder pessoal dentro do PSI, a partir do qual, em 1911-1912, teve condições de galgar à proeminência nacional. Como declarado oponente da guerra "imperialista" na Líbia e de qualquer cooperação entre o PSI e o burguês Giolitti, ele se tornou quase do dia para a noite um destacado porta-voz da ala esquerda militante do partido. Sendo um dos principais instigadores da nítida guinada para a esquerda do PSI entre 1910 e 1914, Mussolini, na qualidade de editor do principal diário socialista, *Avanti* de Milão, a partir de 1912, de início aderiu conscienciosamente à linha oficial do partido, opondo-se à intervenção italiana na guerra europeia. Em outubro de 1914, porém, ele mudara para a posição de "neutralidade ativa", simpatizante da França e da Inglaterra, e no fim do ano passou a apoiar abertamente a intervenção italiana. Como resultado, foi obrigado a renunciar ao cargo de editor do *Avanti* e depois foi expulso do PSI. Como editor de um novo jornal, *Il Popolo d'Italia*, fundado por intervencionistas amigos e pelo governo francês, ele passou a dedicar-se sem reservas à causa intervencionista, tendo como aliados sindicalistas revolucionários, futuristas, republicanos radicais e nacionalistas direitistas: estranha coalizão a partir da qual mais tarde ele forjaria o fascismo.

O motivo de um socialista e internacionalista, como Mussolini ainda parecia ser pouco antes da guerra, ter-se transformado tão depressa em defensor da guerra patriótica ainda é obscuro e alvo de muitos debates. Seu socialismo inicial era perfeitamente genuíno a seu modo, o que fica evidente em seu entusiástico apoio aos grevistas em Forlì; o mesmo se pode dizer, naquilo que é possível julgar, de sua declarada condenação ao nacionalismo. No entanto, seu socialismo era de um gênero muito pessoal e até mesmo idiossincrático, marxista em teoria, mas sempre mais próximo em espírito do sindicalismo revolucionário ou talvez do republicanismo insurrecional de sua região natal. Apesar de todo o seu antinacionalismo, seus horizontes permaneceram essencial e estritamente italianos; seu retorno não obrigatório da Suíça para o serviço militar e a exemplaridade com que serviu como soldado dão indícios da existência de uma camada de patriotismo intuitivo, pouco consciente, em nenhum sentido teorizado, por baixo do internacionalismo exterior. A chave para sua carreira política talvez seja que ele não detestava tanto o capitalismo ou o imperialismo quanto tudo o que o cercava na Itália, em especial uma cultura política e uma casta governante com as quais ele não conseguia ou não queria identificar-se. Aquele mundo político liberal constituía o principal foco de um ódio para o qual o PSI representou aquilo que se verificaria ser um veículo temporário e condicional. Quanto à visão revolucionária, talvez a própria revolução o entusiasmasse mais que o tipo de sociedade pós-revolucionária desejada pela maioria dos companheiros socialistas. Os acontecimentos domésticos e externos de 1913 e 1914 convenceram Mussolini e os sindicalistas revolucionários com quem ele tinha contato de que a análise marxista era inadequada para a Itália. Dentro da Itália, os limites práticos da militância socialista, culminando no deplorável fracasso insurrecional da "Semana Vermelha" em junho de 1914, convenceram-no de que nem seu partido nem a classe trabalhadora italiana eram capazes de fazer a revolução. Fora, o comportamento dos trabalhadores em toda a Europa durante 1914 solapou sua crença anterior na solidariedade internacional da classe trabalhadora e impressionou-o – tal como o impressionara, contrariando suas melhores intenções, no tempo da guerra da Líbia – a pujança do nacionalismo como força de mobilização das paixões populares. Influenciado por essas duas revelações, Mussolini gradualmente abraçou a visão intervencionista de esquerda de que a participação da Itália na guerra geraria uma revolução de tipo não marxista, mas que derrubaria o sistema liberal e levaria uma nova classe dirigente ao poder. Foi a essa revolução que ele passou a se dedicar.

As perspectivas imediatas que ele tinha diante de si, porém, não pareciam boas. Resolvida a crise da intervenção, a própria guerra começou a chamar a atenção popular; seu cargo de editor de *Il Popolo d'Italia* era insuficiente para manter sua visibilidade pública. A única coisa que lhe oferecia mais meios de agir era a vida militar. Dois anos respeitáveis, mas pouco espetaculares, de serviço na guerra terminaram quando ele recebeu baixa por se ter ferido num acidente. Reassumindo o cargo de editor de *Il Popolo d'Italia*, Mussolini dedicou os dois anos seguintes a desenvolver e propagar uma nova estratégia de revolução nacional, de grande perspicácia a longo prazo. No fim da guerra *Il Popolo d'Italia* abandonara sua afirmação original de jornal socialista e declarava-se porta-voz de "produtores e soldados" contra os liberais parasitas e os socialistas impatriotas. No momento, era uma voz que poucos ouviam. Com o fim da guerra e a aparente ascensão dos socialistas, Mussolini, o socialista renegado, parecia ter perdido o barco da revolução. Em vez de ajudar a conduzir o PSI à conquista do poder, o homem que alguns veriam como o Lênin perdido do socialismo italiano vivia à margem da vida política italiana. Mas não ficaria assim por muito tempo.

3

# O fascismo conquista o poder, 1919-1925

## Fascismo: do nascimento a partido de massas, 1919-1922

Em 23 de março de 1919 o quase esquecido Benito Mussolini presidiu a fundação em Milão de um novo movimento político, o Fascio di Combattimento (Grupo de Combate). Os presentes àquele obscuro evento – calcula-se que entre 120 ou pouco mais de 200 pessoas – eram constituídos principalmente por veteranos de guerra (especialmente ex-*Arditi*), futuristas e vários tipos de dissidentes de esquerda, como o próprio Mussolini. O nome do movimento remetia aos *Fasci* intervencionistas da Azione Rivoluzionaria de 1915, que Mussolini inutilmente esperara manter unida como veículo para a revolução no pós-guerra. O termo *fascio*, antes exclusivo da esquerda, agora era mais comum à direita, para cujos adeptos autoritários tinha a denotação de *fasces*, os feixes portados pelos *lictores* ou magistrados da Roma republicana, e da noção de "força obtida pela união" que se supunha simbolizarem.

Mussolini, porém, não via o recém-criado *fascio* como um movimento de direita. Num momento em que a guerra acabava de terminar e a configuração da política do pós-guerra ainda estava por se definir, ele e os outros fundadores do *fascio* optaram por representá-lo mais como um novo competidor de esquerda pelo apoio dos trabalhadores ao socialismo. Seu primeiro programa declarado era republicano, anticlerical e democrático, incitando à descentralização, ao sufrágio feminino, à representação proporcional, ao confisco dos excessivos lucros de guerra, à participação do trabalhador em toda a gestão industrial, ao controle dos serviços públicos pelos trabalhadores, à nacionalização da indústria de armas, ao salário--mínimo com jornada de oito horas e ao repúdio do imperialismo. O que logo mostrou ser a característica mais espantosa desse programa, porém, foi seu escasso apelo popular. Nas eleições de novembro de 1919 os fascistas de Milão – sua única base significativa – obtiveram menos de 5 mil votos em 275 mil e tiveram de suportar o vexame colateral de testemunhar uma vitória esmagadora do PSI. Em dezembro de 1919, quando muitos esquerdistas já abandonavam o movimento e D'Annunzio tirava Mussolini de cena como provável líder do "sindicalismo nacional", o fascismo estava à beira do fracasso. Mussolini resistiu, porém, com algum apoio de milaneses endinheirados que percebiam o potencial antissocialista do fascismo, e a partir do verão de 1920 o movimento entrou numa fase nova e crucial de seu desenvolvimento.

Os elementos mais importantes do renascimento do fascismo foram sua ruptura com as principais bases urbanas estabelecidas durante seu primeiro ano e um abandono paralelo de seu inicial "socialismo alternativo" a favor do franco e violento antiesquerdismo. Nos anos 1920-1922 assistiu-se ao crescimento de um fascismo "agrário" em grande parte do norte e do centro da Itália, principalmente no Vale do Pó e na Toscana, onde, em especial desde 1918, os sindicatos socialistas e as ligas camponesas católicas tinham chegado a ameaçar o poder dos *agrari* e o status de elementos de uma camada média como rendeiros, camponeses mais ricos, administradores de grandes propriedades rurais e profissionais liberais das cidades provinciais. Os núcleos fascistas dos centros urbanos de província, como Bolonha, Ferrara e Florença, inauguraram uma política de *squadrismo,* que implicava a prática de violência por esquadrões (it. *squadre,* sing. *squadra)* fascistas contra organizações, instalações e militantes socialistas e sindicalistas. De início em pequena escala, essas atividades depois se expandiram quando os primeiros sucessos atraíram novos membros para os *fasci*, e muitos simpatizantes começaram a oferecer outras formas de apoio. Ao longo dos dois anos entre o verão de 1920 e o de 1922, tornaram-se comuns as expedições punitivas fascistas que, organizadas nas bases urbanas do movimento, se espalhavam pelas áreas adjacentes. As sedes de partidos de esquerda, sindicatos socialistas e ligas católicas camponesas, os jornais e as tipografias de esquerda eram saqueados e frequentemente incendiados; aos ativistas de esquerda e sindicalistas eram infligidas violência física e humilhação, com uso de porretes, facas e armas de fogo, além da ingestão forçada do laxativo óleo de rícino. O *squadrismo*, que extraiu muito de seu vigor paramilitar da contribuição dos *Arditi* e de outros veteranos de guerra, frequentemente gozou da benevolência das autoridades policiais e da participação ativa de policiais à paisana. O uso desavergonhado e impune da violência operou maravilhas. No espaço de poucos anos, o que antes aparecera como impressionante estrutura organizacional do sindicalismo socialista e católico rural fora destruído em grande parte do centro e do norte da Itália. Enquanto as greves e a filiação a sindicatos declinavam drasticamente, os *fasci* proliferavam e ganhavam novos membros; em 1922 a maioria das províncias não situadas no sul tinha ampla organização fascista comandada por um *ras* (palavra etíope que significa chefe). Os *ras,* homens de diferentes origens, como Roberto Farinacci, de Cremona, Dino Grandi, de Bolonha e Italo Balbo, de Ferrara, impunham considerável autoridade em seus distritos e agiam de forma quase independente de Mussolini. Embora ainda relativamente fraco no sul, o movimento fascista, que pouco mais de dois anos antes estivera reduzido a menos de mil afiliados, em meados de 1922 tinha mais de 250 mil em todo o país.

À medida que se expandia, o fascismo revelava sua fisionomia social. Os líderes e ativistas fascistas eram recrutados entre veteranos de guerra, especialmente ex-oficiais jovens e suboficiais, entre a juventude escolarizada de classe média, profissionais liberais e trabalhadores burocráticos em cidades grandes e pequenas e, na zona rural, entre as camadas altas e médias da sociedade – proprietários de terras, meeiros, camponeses proprietários e rendeiros remediados, administradores e – importante – os filhos adolescentes e adultos de todos esses elementos. Embora nos últimos anos se tenha dado muita atenção à suposta adesão dos trabalhadores ao fascismo italiano, o apoio genuinamente espontâneo por parte dos trabalhadores urbanos e dos camponeses mais pobres, que os *fasci* originais tinham procurado atrair, demorou muito a mostrar-se. No entanto, à medida que as organizações de esquerda se desagregavam, muitos camponeses mais pobres e alguns trabalhadores aderiam de fato ao movimento fascista e aos seus sindicatos recém-formados: não tanto por entusiasmo quanto por necessidade de trabalho e proteção, num gesto de autodefesa. Cada vez mais, chegava apoio moral e financeiro, quando não afiliação real, dos *agrari* ricos e, em menor grau, de industriais ansiosos por ver o fascismo esmagar ou enfraquecer irreversivelmente o sindicalismo e o socialismo. O que esse número crescente de fascistas esperava de seu movimento é difícil de afirmar em poucas palavras. Para alguns, que haviam lutado na guerra, e para outros que eram jovens demais para terem feito isso, o fascismo e, em particular, o ingresso em esquadrões ofereciam companheirismo e emoção num mundo insípido e ingrato do pós-guerra. Para os mais conscientes politicamente, ele representava uma continuação da guerra em tempos de paz, quando os austríacos eram substituídos como inimigos da Itália por socialistas e "traidores" liberais. E para outros o fascismo prometia a derrubada revolucionária da desgastada casta dirigente liberal da Itália, por obra de uma nova elite, composta em grande parte pela classe média, robustecida no campo de batalha contra inimigos externos e internos da Itália, portanto, qualificada para governar.

## A Marcha sobre Roma

O movimento fascista italiano de 1920-1922, nunca é demais enfatizar, não tinha precedentes próximos nem paralelos contemporâneos, fosse na Itália ou em qualquer outro país da Europa. É verdade que muitos países europeus, imediatamente após a Primeira Guerra Mundial, assistiram à formação de organizações antissocialistas e antidemocráticas de direita, frequentemente de cunho paramilitar. A maioria não conseguiu causar muito impacto ou, como o nacional-socialismo alemão, demorou anos para obter algum êxito. No início da década de 1920, nenhum movimento, em nenhum lugar, conquistou tantos adeptos e tão rápida influência, por mais parecido que fosse ao fascismo italiano, ainda que este tivesse intenções imprevisíveis, formas fluidas e como que surgido do nada. Em vista disso, não é de surpreender que tantos italianos, ao reagirem ao fascismo, não conseguissem entender plenamente o que ele representava nem prever o que poderia vir a ser, caso incentivado.

À medida que se expandia entre 1920 e 1922 e seu comportamento — embora nem sempre sua retórica e sua imagem — se tornava mais claramente reacionário, o fascismo ia se tornando mais atraente à opinião pública "respeitável" da Itália. Os liberais não estavam imunes: nas eleições gerais de maio de 1921 os *fasci di combattimento,* ainda que não fossem um partido político de fato, aceitaram o convite de Giolitti para se integrarem a um bloco "nacional" unido pela hostilidade ao PSI. Os 35 fascistas assim eleitos para o parlamento assumiram seus assentos na extremidade direita da câmara dos deputados. O ímpeto do fascismo para a direita, em grande parte produto da militância antissocialista que o tirara da insignificância, era simplesmente irresistível – até para o líder do movimento. No verão de 1921 Mussolini, ainda relutante em cortar totalmente seus laços cada vez mais tênues com a esquerda, tentou concretizar um "Pacto de Pacificação" com o PSI, mas só conseguiu ser impedido – não pela última vez – pelos líderes fascistas da província. Todas as ideias de trégua política logo eram abandonadas, e tinha prosseguimento a guerra civil não declarada entre fascistas e socialistas. Em novembro de 1921 desvaneceram-se quaisquer dúvidas quanto à direção política do fascismo e à sua sede de poder, quando os *fasci di combattimento* se reconstituíram em partido político, o Partito Nazionale Fascista (Partido Nacional Fascista, PNF). Seu programa, indubitavelmente de direita, defendia o monarquismo, o nacionalismo, o livre-comércio e o antissocialismo.

Um ano depois da criação do PNF, Mussolini foi primeiro-ministro da Itália, e o fascismo italiano tinha franqueado o primeiro estágio de sua conquista do poder. Embora os propagandistas fascistas logo tenham forjado aquilo que se verificaria ser um mito duradouro – o de uma "revolucionária" Marcha sobre Roma – a trajetória de Mussolini para o mais alto cargo no fim de outubro de 1922 foi, na realidade, facilitada por elementos do *establishment* italiano. Durante o ano anterior, os fascistas tinham assumido o controle na administração de grandes e pequenas cidades no norte e no centro da Itália, na sua maioria governadas antes por socialistas. À medida que o faziam, formava-se a convicção – não só em círculos políticos, mas também entre intelectuais e jornalistas "liberais", no Vaticano e na hierarquia católica, bem como entre industriais e *agrari* – de que o fascismo deveria ter uma oportunidade política em nível nacional. Não só Giolitti, mas também seu rival conservador Salandra, o primeiro-ministro Facta, nomeado em março de 1922, e outros liberais de proa agora nutriam ambições pessoais de formar e encabeçar um outro tipo de governo convencional com participação fascista minoritária. Incapazes de colaborar com quaisquer socialistas, a não ser os mais moderados, ou com Sturzo e os *popolari*, encontrando-se totalmente desprovidos de quaisquer novas ideias, os mandachuvas do *establishment* liberal da Itália sucumbiram à tentação de uma acomodação com o fascismo.

Ao adotarem essa estratégia, confiavam que o fascismo, a exemplo de muitas facções políticas agitadoras do passado, poderia ser seduzido, domesticado e "transformado" ao sentir o sabor dos cargos políticos e das vantagens destes cargos; em tempo curtíssimo – pensavam –, aquela força agitadora, mas, afinal de contas, enérgica, patriótica e antibolchevista, seria absorvida por um sistema liberal que, em contrapartida, sairia revitalizado. A visão e os julgamentos externos ao mundo estreitamente político não eram muito diferentes. Os homens de negócio e os *agrari,* impressionados pelo antissocialismo extremamente prático do fascismo, limitaram-se à expectativa de que a participação fascista no governo endureceria de forma decisiva as atitudes oficiais em relação ao movimento operário e à esquerda; os intelectuais e acadêmicos, em especial, mas não apenas os de convicções autoritárias e nacionalistas, viam no fascismo uma injeção de novo vigor no exaurido corpo político; e o Vaticano, especialmente depois da eleição do papa Pio XI em fevereiro de 1922, era levado a esperar que o ingresso dos fascistas no governo prenunciaria o fim da rixa entre Estado de Igreja e importantes concessões a esta.

Ao considerarem que o fascismo poderia ser empregado meramente para derrotar a ameaça da esquerda e rejuvenescer a política convencional, sem ter permissão para adquirir muito poder real, os italianos conservadores e liberais podem ser desculpados por não terem os poderes proféticos que lhes permitissem prever os 23 anos seguintes de história italiana. Mesmo assim, desconsiderando as evidências contrárias oferecidas pelo impressionante contingente do fascismo e pelo comportamento violento de seus entusiastas, no verão de 1922 não era segredo que a maioria das figuras de liderança do PNF tinha algo muito mais ambicioso em mente do que simplesmente permitir que seu movimento fosse "transformado" em mais uma facção política domesticada. A admissão de que a participação fascista no governo era indispensável e inevitável, porém, gerou um falso otimismo, para não dizer ilusão, no *establishment* do país, enfraquecendo demais em seus membros a disposição para resistir aos perigos (que, em todo caso, subestimaram) que espreitavam no fascismo. A esquerda, evidentemente, reconheceu tais perigos com bastante clareza, mas, depois de dois anos de *squadrismo,* com sua organização desarticulada, o contingente caindo e o moral em frangalhos, já não era capaz de reagir eficazmente. Prova disso se teve em agosto de 1922, quando o PSI, desesperado, convocou uma greve geral antifascista. Seu fracasso deplorável e contraproducente simplesmente incentivou os fascistas a aumentarem a pressão sobre o sistema político, enquanto começavam a ser traçados os planos de marcha insurrecional sobre Roma em outubro, cujo sucesso garantiria o monopólio ou o domínio fascista do governo.

Dada a probabilidade de o PNF ingressar no governo com a próxima crise de gabinete, a decisão do fascismo de tentar um caminho mais militante para o poder é prova de que ele tinha ambições mais amplas, se não claras. Seus preparativos eram perfeitamente públicos e foram acompanhados pela reivindicação (cujo ápice se deu numa manifestação de massa em Nápoles no dia 24 de outubro) de que o poder fosse entregue a Mussolini e a seu partido. Ainda que fosse inconcebível a completa tomada do poder pelos fascistas, por emprego de meios violentos ou simples ameaça, os boatos a respeito puseram as autoridades do país sob pressão, levando-as a ceder mais ao fascismo do que teriam desejado, caso fossem deixadas à própria mercê.

Pelo que tudo leva a crer, o blefe era importantíssimo. O fascismo ainda estava longe de ser uma força irresistível. Apesar do apoio popular – no fim do verão de 1922 o número de afiliados fascistas estava em torno de 300 mil – e do controle que exerciam na administração de várias cidades grandes e pequenas do norte, não mais que 30 mil militantes, na maioria mal armados, estavam realmente prontos para a ação. A marcha teria sido facilmente esmagada, caso o governo resistisse, e o exército – como era de se esperar, apesar dos sentimentos pró-fascistas de muitos oficiais – obedecesse a um comando do rei para fazê-lo. Uma derrota física ou uma rendição covarde provavelmente teria explodido a bolha fascista. Na ocorrência, porém, os poderes estabelecidos facilitaram as coisas para Mussolini. Com a mobilização dos fascistas nas províncias, o primeiro-ministro, Facta, determinou a resistência, e em 27 de outubro solicitou a assinatura do rei para um decreto de lei marcial que obrigasse o exército a fazer frente à marcha prevista. Depois de concordar inicialmente, o rei mudou de ideia na manhã seguinte. As razões de Vittorio Emanuele ainda não são muito claras. Ele pode ter ficado preocupado com as simpatias de que os fascistas gozavam entre os oficiais do exército, o que poderia provocar constrangedores atos de desobediência. Talvez – o que é compreensível – ele temesse uma guerra civil imediata que pusesse em risco o futuro da monarquia. Com muito mais razão, ele pode ter sido fatalista em relação à inevitabilidade do ingresso do fascismo no governo e, tal como muitos italianos mais privilegiados, podia estar pelo menos um tanto convencido de que isso era desejável. Finalmente, ele decerto estava ciente das simpatias pró-fascistas de seu primo, o duque de Aosta, e do que isso significaria para sua posição pessoal caso ele se opusesse de modo ativo – e malsucedido – ao fascismo. Seja qual for a explicação, Facta ficou numa posição insustentável e imediatamente renunciou. A possibilidade de um governo liderado por Salandra, ou por qualquer um, com Mussolini em posição subordinada foi por água abaixo quando o líder fascista se recusou a participar de qualquer governo que ele não liderasse. Em 29 de outubro de 1922, Mussolini, depois de "marchar" para Roma em um trem noturno proveniente de Milão, foi recompensado com o posto de primeiro-ministro. Só então, como celebração em farrapos e encharcada pela chuva, a Marcha sobre Roma aconteceu de fato.

## O caminho para a ditadura, 1922-1925

A Itália tinha então um primeiro-ministro fascista, mas não, estritamente, um governo fascista e não, certamente, um regime fascista. Por mais de dois anos Mussolini comandaria governos de coalizão, dos quais, entre os principais partidos, estavam excluídos apenas o PSI e, mais tarde, os *popolari*. Em outubro de 1922 o futuro estava totalmente incerto. Não existia claro consenso entre a liderança fascista e seus apoios ativos sobre se o fascismo implicava algo temporário ou permanente, com final "normalização", ou se uma genuína revolução. Também confusos, embora de modo diferente, estavam todos os italianos influentes que se mostravam (em graus bem variados) bastante contentes com os fascistas no governo e mesmo com Mussolini à frente dele, sem desejarem uma mudança duradoura do regime.

Apesar de toda a disposição para fazer composições, pelo menos temporárias, com o *establishment* italiano, o próprio Mussolini por certo não tinha vontade nem intenção de renunciar ao poder que agora tinha nas mãos. Mas ele não pode ser visto como um daqueles fascistas maximalistas que, tal como Farinacci, Rossoni ou Balbo – em seus diferentes modos –, desde o começo sonhavam com uma "revolução fascista" radical. Provavelmente, nesse estágio inicial, Mussolini, em vez de uma revolução política completa, pensava numa revisão drástica do sistema existente para garantir uma reiteração de sua autoridade. Durante certo tempo, pelo menos, isso satisfaria seus novos respaldos conservadores, para os quais um governo liderado por um fascista podia ser uma bênção, e a perspectiva de maior autoritarismo, atraente, mas perturbava a ideia de um regime fascista puro e simples. Para muitos conservadores, o ideal era uma "normalização" da política, assim que a balança do poder tivesse pendido decisivamente contra a esquerda, os sindicatos e as classes mais baixas. Até então, eles não exerceriam o poder que ainda tinham para derrubar Mussolini. O sonho da "normalização" também era acalentado por políticos liberais mais autênticos, que se recusavam a tomar providências sérias contra Mussolini na esperança de que ele pudesse titubear e assim se reabrisse o caminho para um retorno aos antigos meios e líderes. Para eles, porém, os tempos estavam mudando de maneira nefasta, e suas clientelas locais, especialmente no sul, os trocavam pelo fascismo. Ostensivamente mais ameaçadores para Mussolini, em virtude do apoio popular que continuavam tendo e de suas convicções ideológicas, eram os *popolari* e a esquerda. Na realidade, porém, o PPI se havia desintegrado em boa parte, após ser alijado do governo em 1923 e, depois, abandonado pelo Vaticano pró-fascista. Por sua vez, a esquerda, já na defensiva antes da nomeação de Mussolini para o posto de primeiro-ministro, estava então mais enfraquecida pelos contínuos ataques dos esquadrões fascistas, pela sangria na afiliação sindicalista e pelas persistentes divisões entre moderados, radicais e comunistas.

A fraqueza da oposição e a complacência da maioria das outras forças políticas possibilitaram que o fascismo tomasse a iniciativa imediatamente depois de Mussolini assumir o cargo e o mantivesse até o verão de 1924. Dito isto, o que "fascismo" significava exatamente e o que podia prometer para o futuro não estava claro. Quando entrou nos bastidores do poder, o fascismo era uma coalizão muito frágil, dentro da qual cinco correntes principais eram discerníveis, mas nem sempre perfeitamente definidas ou distintas. Os que podiam ser vistos como os mais "típicos" fascistas eram os *ras*, como Farinacci e as dezenas de milhares de *squadristi,* força indisciplinada em que a maioria dos membros não se satisfazia de modo algum com a mera partilha do poder. Ainda que preparados para verem a Marcha sobre Roma e a ascensão de Mussolini ao posto de primeiro-ministro como uma revolução (o que significava estender o termo a seus limites), tais militantes agora tinham em mente uma "segunda revolução" que varreria o pessoal ligado ao liberalismo, dando maior poder a eles mesmos e às camadas sociais que representavam. Muitos, porém, ainda não tinham clareza ou, em alguns casos até, não estavam preocupados em relação às reais finalidades do poder. A segunda corrente era formada pelos que tinham uma concepção um tanto diferente e, no geral, mais elaborada da "revolução fascista": era o que podia ser chamado de esquerda fascista, liderada por ex-sindicalistas como Rossoni e Michele Bianchi, o primeiro secretário do PNF. Os sindicalistas fascistas haviam conferido ao fascismo incipiente grande parte de seu radicalismo e (ao contrário de muitos de seus camaradas) tinham ficado com o movimento, a despeito de sua guinada para a direita em 1920-1922. Quando os trabalhadores que haviam ficado indefesos com a destruição de seus sindicatos pelo *squadrismo* começaram a aderir aos sindicatos fascistas montados pelos sindicalistas, estes se viram com uma nova base de poder. Suas expectativas agora, como em 1919, eram de que o fascismo suplantasse a "velha" esquerda e construísse um Estado nacional-sindicalista capaz de estimular a energia e o entusiasmo popular. O terceiro elemento do fascismo no fim de 1922 era constituído pelos "tecnocratas", como Giuseppe Bottai e Augusto Turati, que desejavam que o fascismo fosse uma força elitista de adeptos inteligentes e instruídos, cuja tarefa consistiria em liderar e dirigir a modernização da Itália. Em quarto lugar vinham os nacionalistas, cuja associação política, a ANI, se fundiu com o PNF em 1923, na esperança de guiá-lo por caminhos pró-capitalistas, autoritários e imperialistas. Ainda apegados à noção de "influenciar os influenciadores", nacionalistas como Alfredo Rocca e Luigi Federzoni empenhavam-se em usar seus contatos entre as elites da nação para arrastar o fascismo numa direção que fortalecesse o Estado e enfraquecesse seus próprios radicais *squadristi* e sindicalistas. Nisso os ex-nacionalistas estavam próximos da quinta corrente: a constituída por conservadores, católicos "clerofascistas" e meros oportunistas, todos guiados, por diferentes caminhos, pelo desejo de "normalização" final e pelo apego ao *status quo* sociopolítico.

No que se referia à convivência com seu próprio movimento, os problemas mais prementes de Mussolini diziam respeito aos *squadristi* e seus chefes provinciais, os *ras*. Isto porque, num partido que nada tinha de monolítico, era nas mãos deles, mais que nas suas, que estava grande parte do poder real e das iniciativas do dia a dia. A reivindicação que faziam de tomada total do poder pelos fascistas embaraçava um primeiro-ministro ainda constitucional, ansioso por agir com cautela em suas relações com as elites conservadoras – realeza, burocracia, Forças Armadas, magnatas dos negócios e *agrari*. O dilema de Mussolini era delicado. Embora, por razões pessoais e políticas, estivesse preocupado em estabelecer sobre os *ras* e seus seguidores indisciplinados um controle seguro que lhe escapara desde o dia do nascimento do fascismo, ele estava consciente de que precisava daquela mesmíssima indisciplina como advertência a inimigos e falsos amigos sobre o que poderia acontecer caso eles se comportassem mal. No fim de 1923, deixou claras as suas intenções de uma maneira que transmitia duas mensagens. Ao unificar os *squadristi* numa milícia nacional fascista, a MSVN, e ao criar um Grande Conselho Fascista para enquadrar os *ras* numa estrutura formal que ele esperava controlar, Mussolini deu alguns passos – embora não tenha ido muito longe – em direção da criação de um partido mais disciplinado. Ao mesmo tempo, exatamente a criação desses corpos sinalizava sua intenção de que o fascismo desempenhasse um papel permanente na vida política italiana.

A concretização dessa visão, contudo, exigia uma posição política mais forte do que o fascismo dispunha nos estágios iniciais do mandato de Mussolini como primeiro-ministro. Apesar da pronta concessão pelo parlamento de poderes emergenciais a Mussolini e das grandes facilidades de uma maioria parlamentar confortável, essa situação poderia facilmente mudar, e a pequena representação parlamentar do fascismo mostrar-se como real fraqueza. A derrota eleitoral sem dúvida seria bem pior. A determinação de Mussolini de livrar-se desses pesadelos e fortalecer a posição política do fascismo logo se tornou evidente com a aprovação, em julho de 1923, de uma reforma eleitoral (a Lei Acerbo) destinada a dar dois terços dos assentos do parlamento ao partido ou à aliança que liderasse uma eleição geral. No caso, a apólice de seguro que a Lei Acerbo representava mostrou-se desnecessária. Nas eleições gerais ocorridas em abril de 1924 a lista de candidatos oficial, liderada pelos fascistas, recebeu 66 % dos votos e conquistou 374 das 535 cadeiras. No sul, onde o fascismo fora fraco antes de outubro de 1922, o movimento agora era capaz de usar a costumeira máquina de fraude eleitoral para garantir o triunfo da lista oficial; no norte, por outro lado, a competição foi suficientemente real para que a esquerda, apesar das agressões sofridas nos quatro anos anteriores e da violência fascista durante a campanha, tivesse desempenho bom demais para a tranquilidade do governo. Mesmo em seus redutos, o domínio do fascismo ainda não era total.

A violência fascista sem precedentes – e totalmente infame – que acompanhara as eleições provocou fortes protestos da oposição quando o parlamento foi reaberto, agora com esmagadora e exuberante maioria fascista. Dentro e fora dele, os fascistas estavam inclinados a tornar as coisas desagradáveis para seus críticos. Um dos críticos mais declarados era Giacomo Matteotti, socialista moderado e independente do PSI. Em junho de 1924 Matteotti foi raptado por um bando de facínoras fascista e morto a facadas; seu corpo ficou desaparecido até agosto. Quando a culpa dos fascistas ficou clara, era inelutável a cumplicidade moral, se não real, de Mussolini.

O assassinato do muito respeitado Matteotti deu necessário foco a um incômodo generalizado em relação ao fascismo, que se fizera sentir desde outubro de 1922, mas que muitos membros da classe política da Itália tentaram ignorar ou fingiram não sentir. A consequente "crise Matteotti" mostrou-se crucial para o desenvolvimento de um regime fascista. Em meio à onda de sentimento antifascista, muitos oposicionistas socialistas, católicos e democratas retiraram-se do parlamento em protesto: era a chamada "secessão do Aventino". Mussolini entrou em pânico e teria renunciado ao posto de primeiro-ministro caso o rei o tivesse exigido. O rei não fez isso, e sua hesitação era exemplo da falta de disposição dos conservadores de, até então, abandonar Mussolini. Não é difícil entender por quê. O desempenho da esquerda nas eleições da primavera fora suficientemente vigoroso para alimentar os receios conservadores de um renascimento "bolchevista", caso Mussolini perdesse o cargo, e o fascismo fosse descartado. Quase igualmente preocupante era a possibilidade de que um fascismo rechaçado recorresse a uma segunda revolução não menos ameaçadora para seus interesses e comodidades do que o ressurgimento da esquerda. Em vez disso, Vittorio Emanuele e outros membros do *establishment* italiano provavelmente esperavam explorar a súbita vulnerabilidade de Mussolini para aumentar sua influência sobre ele e reduzir a possibilidade de uma tomada total do poder pelos fascistas. Sem a ajuda dos conservadores as forças de oposição eram impotentes, ainda que reforçadas pelo tardio recrutamento de proeminentes liberais como Giolitti, finalmente engajado no fim de 1924. Mussolini, portanto, resistiu à tormenta e ficou no cargo, mas viu-se diante de um quase motim em seu próprio partido. Os *ras,* agora oficialmente conhecidos como "cônsules", viram a crise como justificativa não para fazer concessões à oposição, e sim para eliminá-la; nada de composições com o velho mundo político, e sim a sua substituição por uma nova ordem. Em dezembro de 1924 exigiram coletivamente que Mussolini, sob pena de ser deposto como líder do fascismo, desse passos decisivos em direção à ditadura. Em 3 de janeiro de 1925 Mussolini deixou claro ao que restava do parlamento que essa era então sua intenção.

# 4
# A Itália sob o fascismo

## Partido, Estado e Duce

Considerando-se as incertezas dos dois anos anteriores, foi notável a velocidade com que a ditadura se consolidou, depois de instalada, durante os anos de 1925 e 1926. O processo foi pontuado e auxiliado por quatro tentativas malogradas, mas muito convenientes, de assassinato de Mussolini. O poder total que efetivamente lhe foi outorgado por uma lei de dezembro de 1925 foi reforçado por uma bateria de medidas repressivas. A oposição e os sindicatos livres foram banidos; a imprensa livre rendeu-se a uma combinação de censura e domínio fascista; os governos locais eleitos foram substituídos por funcionários nomeados, conhecidos como *podestà*; e foi criada a parte essencial de um Estado policial, com a extensão dos poderes do governo para prender e deter, aumentando-se o âmbito da pena de morte, introduzindo-se um tribunal especial para "crimes políticos" e formando-se uma polícia "secreta", a Organizzazione per la Vigilanza e la Repressione dell'Antifascismo (OVRA).

Sendo o PNF agora o único ator no teatro da política italiana, era de se esperar que essas medidas lhe garantissem efetivo poder político. A realidade era bem diferente, pois os verdadeiros beneficiários das mudanças eram, por um lado, o aparato estatal italiano, ainda constituído em grande parte por não fascistas, e, por outro lado, o próprio Mussolini, designado pouco antes chefe do governo ou Duce. Esse resultado não era acidental, pois seus principais arquitetos haviam sido os dois mais eminentes fascistas ex-nacionalistas: Federzoni, ministro do Interior até novembro de 1926, e Rocco, ministro da Justiça de 1925 a 1932. Ao obstarem o domínio do PNF sobre o Estado, Rocco e Federzoni agiram em conformidade com a crença nacionalista em um Estado forte, e não revolucionado. O apoio de Mussolini para essa solução foi crucial, pois – o que não era surpreendente – havia um antagonismo entre seus autores e elementos influentes do próprio Partido Fascista. A condição do PNF continuou fluida. Seus membros mais inflamados eram os intransigentes *squadristi*, cujo representante mais notório era Roberto Farinacci. A concepção que tinham de fascismo era o que poderia ser chamado, aproximativamente, de "populista", derivada de uma experiência coletiva de entusiasmo ativista ininterrupto em assembleias, encontros e expedições punitivas, nutrindo-se a crença no elo quase místico, pseudodemocrático entre líderes e liderados. Embora fosse bastante clara a tensão potencial entre esse tipo de movimento e as responsabilidades do poder, esses militantes agora ansiavam pelo domínio fascista do Estado, especialmente de seu aparato repressivo. Outros fascistas sentiam constrangimento ou mesmo aversão diante do espalhafato e da violência persistentes de um *squadrismo* que consideravam negativo e obsoleto. Isso ocorria principalmente com quem tinha algum tipo de visão construtiva daquilo que o fascismo poderia vir a ser: ex-sindicalistas em torno de Rossoni, cujo interesse era desenvolver os sindicatos fascistas, e não o partido, como base de uma nova ordem, e tecnocratas sofisticados como Bottai que, embora concebessem um papel importante para o partido, queriam que ele abandonasse o espírito de *squadrismo* para originar uma elite de futuros líderes para a Itália. Em 1925, porém, todos esses fascistas juntos provavelmente eram numericamente suplantados por aqueles que, desde 1920 e, especialmente, desde outubro de 1922, se engalfinhavam no bonde fascista por motivos conservadores ou descaradamente oportunistas. Para esse grupo em constante expansão, a organização do partido representava pouco mais que um novo acesso à autopromoção, importante que era e continuaria sendo para se obter e manter sua lealdade.

Em de janeiro de 1925 Mussolini tomou a surpreendente medida de nomear Farinacci, a personalização do *squadrismo*, para o posto de secretário do PNF. Essa atitude mostrou ser astuta, sobretudo porque o Duce detestava Farinacci e tinha visões totalmente diferentes sobre as relações desejáveis entre o partido e o Estado. Pois ao mesmo tempo em que Farinacci continuava a pressionar pelo total domínio fascista do governo, sua entusiástica centralização do partido – preparando-o para um destino revolucionário – na realidade teve o efeito de minar o poder e a autonomia dos chefes provinciais como ele mesmo e de neutralizar o *squadrismo*, do qual ele fora antes o principal porta-voz. Na época em que foi induzido a renunciar, em abril de 1926, já havia cumprido o que Mussolini esperava dele, e o PNF estava em vias de ser domesticado. A nova ordem do PNF e seu futuro papel eram salvaguardados oficialmente na revisão do Estatuto do Partido em outubro de 1926, pela qual o Duce se tornou explicitamente – pela primeira vez – chefe do partido. O estatuto também confirmava o poder do Grande Conselho Fascista (por mais teórico que isso mostrasse ser) para formular orientações políticas. De significado mais prático era a norma de que todos os postos do partido daí em diante deveriam ser preenchidos por indicação da direção, e não – como ocorrera com frequência em nível provincial e local – por eleição ou aclamação. No fim de 1926, visto que Mussolini assumira paralelamente poderes de estatais, o potencial do partido para dominar ou mesmo absorver mais gradualmente o Estado italiano foi severamente reduzido. Apenas por via de alguma completa mudança de opinião por parte do Duce ou em virtude de alguma outra transformação da conjuntura nacional – o que era pouco imaginável – essa situação poderia alterar-se. Em vez disso, durante os últimos anos da década de 1920 e os primeiros da década de 1930, a subserviência do partido fascista ao Estado tornou-se cada vez mais evidente. Esse processo, expressamente exigido por Mussolini, era deliberadamente auxiliado por repetidos expurgos dos membros do partido, realizados pelos sucessores de Farinacci na secretaria do partido: Augusto Turati (1926-1930) e Giovanni Giuriati (1930-1931). Embora os expurgos fossem em parte motivados pelo desejo de reverter o incontrolável crescimento que se verificara desde a Marcha sobre Roma, as mais notáveis vítimas não eram tanto os que tinham apanhado o bonde andando, e sim os intransigentes da "velha guarda", que tinham temperamento e visões não compatíveis com o novo estilo do regime. Durante os mandatos de Turati e Giuriati, talvez uns 170 mil fascistas, sobretudo da "velha guarda", foram alijados do PNF. Seus cargos agora iam parar cada vez mais nas mãos daqueles que, tal como Bottai e Turati, desejavam um partido altamente profissionalizado e equipado, se não para o rápido controle do Estado, pelo menos para a estratégia mais sutil de criar uma nova classe dirigente pela qual o Estado seria transformado no longo prazo.

Essa estratégia pode ter sido mais sutil, mas não conseguiu sobreviver aos mandatos de Turati e Giuriati. Em meados da década de 1930 o PNF, ao invés de ser o partido ativo, dedicado e profissionalizado dos sonhos de Turati, voltara a seu antigo padrão de crescimento irrestrito. Já em fins de 1933 o número de seus afiliados estava em 1.400.000 e, em 1939, tinha quase dobrado novamente para mais de 2.600.000. À medida que crescia, transformava-se naquilo que acabou sendo uma burocracia inchada, desprovida de papel político criativo. A maioria dos que ocupavam cargos era de carreiristas servis, isentos de visão ou idealismo além do nacionalismo hiperbólico e da idolatria do Duce, que eram as características mais evidentes do regime. Achille Starace, secretário do partido na maior parte da década (1931-1939), era uma figura realmente representativa: absolutamente reverente a Mussolini e preocupado mais com propaganda e paradas do que com iniciativas políticas ou sociais. A condição do partido se refletia nos matizes sociais de seus afiliados. Enquanto em 1921-1922 em torno de um terço de seus membros fosse composto de trabalhadores e camponeses, já no fim da década de 1920 ele se tornara uma organização cuja maioria esmagadora era de funcionários públicos, profissionais liberais e trabalhadores burocratas, inseguros e ambiciosos; em partes do sul os funcionários públicos constituíam 75-80% de seus membros. Farinacci temia que o PNF, se privado da vitalidade do *squadrismo*, resvalasse para o comodismo da meia-idade; nisso, pelo menos, ele estava certo. A renovada expansão da década de 1930, ainda que trouxesse consigo uma amostragem social mais representativa, pouco podia fazer para alterar uma situação que na época já estava firmemente estabelecida. O Partido Fascista e as organizações a ele afiliadas tinham muitos papéis para desempenhar, como veremos, mas o poder de tomar decisões não era um deles.

A Itália fascista, portanto, pode ter sido um Estado de partido único, mas não foi um "Estado partidário" na linha da Rússia socialista ou mesmo, no final, da Alemanha nazista. No entanto, não se pode concluir disso que o papel do PNF no regime não fosse importante; de modo algum. À parte seu papel prosaico, mas importante, de dar emprego aos italianos da classe média baixa, o partido acabou desempenhando várias tarefas administrativas e político-educativas vitais que, com mais tempo e maior apoio das elites, talvez pudessem ter transformado a Itália mais profundamente do que o fascismo realmente conseguiu. Por meio de grupos como a Juventude Fascista e a organização para crianças conhecida como *Balilla*, tentou educar a juventude da Itália no espírito patriótico e marcial do fascismo. Por meio da elaborada burocracia da organização chamada *Dopolavoro* ("após o trabalho"), supervisionava e até alegrava o lazer e as atividades sociais dos trabalhadores, procurando compensar os salários em declínio oferecendo vários benefícios extras e, nesse processo, "curá-los" do socialismo. Finalmente, através da organização de encontros, paradas, eventos esportivos e outras atividades recheadas de propaganda, ele criou um novo "clima" inconfundível que impressionava de imediato quem visitasse a Itália e penetrasse em quase todo o país, com exceção das áreas rurais mais remotas. O que continua duvidoso e tem sido muito debatido pelos historiadores são a extensão, a profundidade e a durabilidade do caráter transformador desse novo clima.

Quaisquer que fossem o significado imediato e as implicações de longo prazo do papel do PNF, porém, a maior parte do poder real que de fato importava na Itália estava em outro lugar: no tradicional aparato do Estado – ao qual, ademais, o sistema policial permanecia subordinado; em centros autônomos de influência, como a indústria privada e a Igreja; e, claro, no Duce, cujo papel tinha como ingrediente essencial a habilidade para lidar de modo pessoal com esses interesses separadamente. A preferência de Mussolini pelo Estado acima do partido e seu gosto pelo poder pessoal manifestavam-se no seu exercício de vários ministérios. A partir de 1926 ele ocupou a pasta do interior continuamente, enquanto entre 1926 e 1929 assumiu não menos que oito ministérios. Portanto, não enganava o culto ao Duce que, deliberadamente construído, atingiu novas alturas (ou profundezas) durante a gestão do servil e absurdo Starace como secretário do partido: na década de 1930 o regime de Mussolini era tão pessoal quanto a propaganda dava a entender. Se era ou não também "totalitário", como essa mesma propaganda afirmava, é um aspecto que será considerado adiante.

## O Estado corporativo na teoria e na prática

A principal reivindicação de criatividade política do fascismo italiano reside na construção, entre 1925 e 1939, do Estado corporativo, sistema que pretendia ser revolucionário, mas socialmente unificador, garantir o progresso econômico e a justiça social unindo patrões, administradores e trabalhadores em uma estrutura legalmente constituída. O corporativismo fascista contou com o empenho sincero de uma minoria de ativistas e despertou genuíno interesse e até admiração no exterior. No mundo acadêmico não italiano, eminentes cientistas políticos, especialmente nos Estados Unidos, publicaram livros que examinavam seus supostos mecanismos, enquanto entre seus muitos admiradores políticos e aspirantes a emuladores estavam o líder fascista britânico Sir Oswald Mosley e Juan Domingo Perón, futuro ditador da Argentina.

No entanto, o corporativismo não era invenção do fascismo. Sua genealogia é extensa e complexa; duas principais vertentes exigem menção aqui. Uma descendia das ideias católicas do século XIX sobre a sociedade moderna. Católicos com preocupações sociais, como o papa Leão XIII (1878-1903), ficavam profundamente perturbados com o crescimento dos conflitos sociais da época e ainda mais com o avanço do socialismo "sem Deus". Para os católicos sociais, a sociedade era naturalmente harmoniosa, e os conflitos se deviam em grande parte a uma combinação da avidez dos ricos com a manipulação dos pobres por agitadores inescrupulosos. Os males e as divisões da sociedade eram curáveis, mas apenas por meio de uma ação enérgica, imaginativa e, acima de tudo, religiosamente inspirada para refrear a avidez e a exploração, por um lado, e a ingratidão e a militância, por outro. A solução era unir patrões, administradores e trabalhadores em cada setor da atividade econômica dentro de "sindicatos mistos" ou "corporações". Assim, por exemplo, todos os que estivessem ligados à agricultura, desde o maior proprietário de terras até o administrador, o pequeno agricultor, o arrendatário, o meeiro e o mais pobre trabalhador braçal, pertenceriam a uma "corporação", enquanto todos os donos de fábrica, gerentes e operários pertenceriam a outro. Esses corpos – argumentava-se – não só substituiriam os conflitos de classe pela cooperação de classe, como também poderiam substituir a distribuição geográfica das circunscrições eleitorais e as diferenças ideológicas como base para a representação parlamentar. O corporativismo católico estava na moda e exercia influência em grande parte da Europa católica desde o fim do século XIX até meados do século XX, e na Itália ajudou a favorecer um clima de aceitação de uma forma fascista de corporativismo que na realidade era bem diferente.

A segunda fonte de inspiração do corporativismo fascista foi o sindicalismo revolucionário, com sua rejeição à política partidária e sua ênfase nos sindicatos como agentes da revolução e da futura organização social e política. Inicialmente divulgadoes da luta de classes, muitos dos sindicalistas revolucionários da Itália voltaram-se para o corporativismo quando abandonaram o conflito de classe e a revolução dos trabalhadores pela colaboração de classe e a revolução *nacional*. A colaboração entre patrões e trabalhadores – concluíram – ajudaria toda a nação ao aumentar a produção industrial. Entre 1919 e 1920 essa convicção, cada vez mais chamada de "produtivismo", foi incorporada na constituição da república de Fiume de D'Annunzio. Os nacionalistas italianos se inspiraram no corporativismo católico e no sindicalismo revolucionário ao formularem suas próprias teorias, de tal modo que as corporações seriam usadas para aumentar a riqueza capitalista e a autoridade do Estado.

As ideias corporativistas foram amplamente apoiadas, embora com frequência vagamente apreendidas, pelos primeiros fascistas. Entre 1919 e 1925 seus defensores mais entusiasmados e articulados eram ex-sindicalistas como Michele Bianchi e Edmondo Rossoni, dirigente da Confederazione Fascista dei Lavoratori (Confederação Fascista do Trabalho, CFL) até 1928. Enquanto os "homens de partido", como Farinacci, queriam que o Partido Fascista dominasse a Itália, Rossoni e a "esquerda" fascista procuravam obter identificação popular com o Estado italiano por meio de um "sindicalismo nacional". Isso implicaria a união de patrões e sindicatos fascistas em "corporações integradas" destinadas a controlar as relações trabalhistas, determinar políticas econômicas e canalizar a opinião pública. Outros fascistas de proa, ainda que não fossem menos entusiastas do corporativismo, viam suas finalidades de modo um tanto diferente. O "moderado" Bottai, por exemplo, abraçava o corporativismo com típico fervor tecnocrata, como meio inteiramente racional e prático para se obter coesão social, fomentar a produção e modernizar de todo a Itália através de uma espécie de "revolução empresarial". Para ex-nacionalistas como Rocco, porém, significava pouco mais que um meio de disciplinar o trabalho no interesse dos empregadores – visão que grande parte da comunidade capitalista tinha satisfação em compartilhar.

Embora as condições mutáveis que precederam o firme estabelecimento da ditadura de Mussolini permitissem que Rossoni e a esquerda fascista perseguissem seus objetivos de "corporativismo integral" com algum vigor, o progresso real era espasmódico. Por um lado, a competição contínua dos sindicatos livres ainda ativos privava a CFL do monopólio do movimento operário que seus líderes almejavam. Por outro lado, o patronato, especialmente o organizado na *Confindustria* (Confederação da Indústria), não manifestava a intenção de submeter sua independência ao tipo de corporação desejada por Rossoni e seus camaradas da CFL. O Pacto do Palazzo Chigi, acertado e assinado entre a *Confindustria* e a CFL em dezembro de 1923, prometia à última exclusividade na negociação de direitos com o patronato – importante passo no caminho para um monopólio trabalhista – em troca da sua desistência da luta pelo "corporativismo integral". Embora, prefigurando a futura distribuição do poder dentro do sistema corporativo do regime, os patrões tenham deixado de cumprir sua parte na negociação, o revés para os sindicatos fascistas foi apenas temporário. Depois de janeiro de 1925, com a queda da afiliação aos sindicatos socialistas e católicos assediados, os sindicatos fascistas se revitalizaram prontamente. Assim, em outubro de 1925 a nova e otimista CFL obtinha um novo acordo com a *Confindustria,* o Pacto do Palazzo Vidoni, pelo qual um dos dois lados reconhecia o outro como único representante, respectivamente, do trabalho e do capital.

Enquanto o Pacto Vidoni, com clara noção da realidade do poder, continha tanto promessa de conflito quanto de colaboração, Rossoni e os ex-sindicalistas revolucionários e agora fascistas optaram por vê-lo como uma etapa no caminho para o "corporativismo integral" e a parceria institucionalizada entre capital e movimento operário. Durante os dois anos seguintes seriam amargamente decepcionados. Mesmo com o inchaço da afiliação à CFL, a realidade da atitude do regime para com as relações trabalhistas tornou-se evidente. A lei Rocco das relações trabalhistas, de abril de 1926, e a tão alardeada Carta do Trabalho de 1927 puseram os sindicatos fascistas sob firme controle estatal e instauraram um sistema de relações trabalhistas decididamente favorável aos patrões. Em 1928 a CFL, agora com quase 3 milhões de afiliados, foi dividida em seis partes, privando Rossoni de sua base de poder e extinguindo efetivamente o sindicalismo fascista como grupo influente. O solapamento e o final *sbloccamento* ("divisão em blocos") do império de Rossoni devem ser vistos como parte de um estágio da consolidação de um regime cada vez mais confiante, centralizado e voltado – com sucesso – ao fortalecimento da posição de Mussolini por meio da eliminação de alguma possível fonte de oposição ou dificuldade. Isso não só foi feito impiedosamente, como também com mínima oposição, tão grande era o poder crescente do Estado fascista. Rossoni, porta-voz da "esquerda" fascista, tal como antes dele Farinacci, porta-voz do *squadrismo*, viu-se reduzido à impotência política.

O desencorajamento oficial e o veto final do "corporativismo integral" no estilo de Rossoni, portanto, tinham mais a ver com poder político que com teoria corporativista. Na verdade, estavam intimamente ligados ao compromisso oficial com *algum* tipo de corporativismo, compromisso personificado pelo Ministério das Corporações, instalado em julho de 1926. Durante os treze anos seguintes, o Estado corporativo foi sendo criado de maneira instável. Em 1930, com seu sincero e ardoroso defensor Bottai como ministro das Corporações, surgiu um potencial parlamento corporativo na forma do Conselho Nacional das Corporações. Quatro anos depois foi finalmente criado aquilo que na época era uma promessa antiga, ou seja, as "corporações mistas" de patrões e empregados: vinte e duas, cada uma com amplos poderes para determinar salários e condições dentro de áreas específicas da atividade econômica (por exemplo, indústrias têxteis, produção de grãos, marinha mercante etc.). Por último, foi inaugurada em 1939 uma Câmara dos *Fasci* e das Corporações para ocupar o lugar do moribundo parlamento. Fora uma longa jornada, mas o Estado corporativo agora era realidade.

Seria mesmo? Ainda que o corporativismo realmente representasse uma alternativa racional para os conflitos da sociedade capitalista, a tentativa italiana de implementá-lo, por maior que fosse o entusiasmo dos sindicalistas e por mais sinceros que fossem os esforços de Bottai e outros, nunca foi séria. Debilitado o impulso inicial do sindicalismo fascista e destruídas quaisquer perspectivas sérias de versão "trabalhista" do fascismo, o corporativismo na prática, se não na teoria, pendeu a favor do patronato. A partir de 1928 o lado dos trabalhadores dentro das estruturas corporativas não era constituído por genuínos trabalhadores ou por seus representantes escolhidos, mas por funcionários fascistas. Embora estes atuassem sobretudo a favor dos patrões, é interessante reconhecer que não se tratava de uma postura unilateral. Dentro da burocracia corporativa espreitava uma minoria de idealistas genuínos e ex-sindicalistas cujo esforço a favor do trabalho registrava pelo menos algumas vitórias. Tais exceções, porém, pouco mais faziam que provar a regra geral de um sistema permissivo com os patrões. Estes, ademais, ao contrário dos trabalhadores da CFL, tiveram permissão de manter suas próprias organizações, especialmente a *Confindustria*. Isso lhes possibilitava defender de maneira eficaz seus interesses não só nas corporações, mas também no trato direto com o governo e outros órgãos estatais. Na prática, portanto, o corporativismo – especialmente durante a depressão da década de 1930 – representava um meio de disciplinar o trabalho no interesse do patronato e do Estado. Como ilustra esta última afirmação, a própria expressão "Estado corporativo" é inadequada, visto que o Estado italiano nunca foi "corporativo", mas, ao contrário, sempre esteve à parte e – o que é importante – acima da gigantesca estrutura do corporativismo. Nisso, a responsabilidade pessoal de Mussolini era considerável. Antes de 1925 ele ocasionalmente flertara com a ideia de um fascismo baseado no poder do movimento operário e para tanto continuou afirmando (pelo menos em público) que o fascismo italiano atuava imparcialmente entre o capital e o trabalho. Não era verdade, não só quanto ao corporativismo como também quanto ao próprio Mussolini. Na realidade, sempre que confrontado com a resistência dos patrões a pressões dos trabalhadores ou, entre 1930 e 1934, com a possibilidade de avanços genuínos e potencialmente abrangentes do corporativismo, ele retrocedeu. Para o Duce, o corporativismo era uma questão de pragmatismo e propaganda, não de princípio. Em nível teórico, era algo a que a maioria dos fascistas poderia aderir e em torno do qual, na verdade, eles até poderiam, de modo restrito, debater. No nível propagandístico, representava uma aparente experiência social, econômica e política, útil para conferir respeitabilidade a seu regime por parte dos estrangeiros. Em nível mais prosaico, porém não menos útil, constituía uma fachada elaborada por trás da qual a corrupção e a exploração podiam vicejar, enquanto o Duce perseguia os objetivos bem diferentes que, na década de 1930, o interessavam muito mais.

## A política econômica fascista e seu impacto

O fascismo não era, nem nunca afirmou ser, um sistema econômico. Desde o começo, a despeito das tendências esquerdistas iniciais e mesmo marxistas de muitos fascistas, ele rejeitava a concepção abraçada de várias formas e graus pela maior parte da esquerda, de que a "posse dos meios de produção" – ou seja, o poder financeiro e econômico – constitui o determinante fundamental ou pelo menos principal das relações humanas e da política. Durante toda a vida do regime fascista, é verdade, uma minoria do partido e da estrutura corporativista continuou alimentando a chama bruxuleante do "esquerdismo" fascista com uma retórica anticapitalista até certo ponto qualificada. Essa inquietação e o desafio implícito à riqueza privada nela contida tinha certa utilidade para Mussolini na sua convivência com os capitães da indústria, da agricultura e das finanças — durante o tempo em que pôde ser visto como quem tinha o poder de eliminar, controlar ou liberar. Nisso Mussolini teve muito sucesso. Desde sua importantíssima composição inicial com os altos negócios e os *agrari* em 1920-1922 até sua queda em julho de 1943, o "esquerdismo" fascista nunca teve possibilidade significativa de influenciar as principais decisões ou iniciativas da política econômica.

Apesar de todo o seu antigo socialismo, o próprio Mussolini sabia pouca coisa de economia e só tinha ideias genéricas a respeito. Em 1922 seus pontos de vista sobre economia, como o de muitos fascistas, reduziam-se a pouco mais que um compromisso com o "produtivismo": maximização da produção industrial e agrícola no interesse nacional. Não estava claro o que isso significava precisamente: como seria alcançado e a que objetivos concretos podia ser direcionado. O que se pode dizer, com a vantagem do retrospecto, é que o produtivismo, especialmente quando combinado com o "estatismo" buscado pelos ex-nacionalistas e acolhido de bom grado pelo Duce, de fato continha importantes implicações para as relações de longo prazo entre o capital italiano e o Estado fascista italiano. Para dizer em poucas palavras: o fascismo nunca *ameaçaria* o capitalismo, mas, como preço da sobrevivência e em prol do contínuo enriquecimento pessoal de seus expoentes, o capitalismo precisaria aceitar um grau crescente de ingerência estatal.

Essa realidade, embora talvez inevitável em vista da força do autoritarismo fascista, demorou a configurar-se. Para começar, o fascismo simplesmente precisou ajustar-se a uma estrutura financeira e econômica herdada do liberalismo. As regras básicas do que era visto como política econômica fascista, portanto, eram ditadas por características dominantes da economia italiana, que eram claramente visíveis mesmo antes da guerra, tais como os estreitos vínculos entre o Estado e a indústria pesada, os privilégios dados pelos governos a alguns interesses às expensas de outros e o baixo consumo, devido às tentativas do Estado de, por meio de taxação, desviar os rendimentos pessoais para o investimento industrial. Significativamente, havia pouca coisa aí com que Mussolini e outros líderes fascistas se sentissem incomodados.

Seria enganoso até mesmo falar de política econômica "fascista" antes do começo da ditadura em 1925. Durante o vaivém de Mussolini em busca de um poder político maior, ele e seu ministro das Finanças De Stefani, adepto do *laissez-faire*, limitaram-se a simplesmente deixar que a Itália participasse do *boom* do pós-guerra na Europa. Apenas em 1925-1926, com a ditadura em processo de criação, a forte inflação, as dificuldades na balança de pagamento e a desvalorização da lira (moeda italiana antes da adoção do euro) obrigaram à substituição de De Stefani por Giuseppe Volpi, industrial e banqueiro. A política deflacionária e protecionista de Volpi deram o tom para o restante da era fascista, tal como ocorreu com a intervenção pessoal de um Mussolini cada vez mais confiante. Em 1927, por instigação do Duce, a lira foi fixada no nível artificialmente alto de 90 por libra esterlina. A "Quota 90" tinha menos relação com alguma necessidade financeira ou econômica, tal como convencionalmente se entende, do que com a fusão, por parte de Mussolini, de *interesse* nacional com sua própria noção de *orgulho* nacional. Este último elemento exigia a "Quota 90", que imediatamente se tornou marca da propaganda fascista e do seu gosto por *slogans*. Foram criadas altas barreiras tarifárias para proteger a indústria pesada italiana e certos produtos agrícolas. A partir do fim da década de 1920, atravessando a de 1930, o setor de exportação industrial e agrícola da Itália foi em grande parte sacrificado em favor de uma economia interna pouco dinâmica, estabilizada por cartéis, preços fixos e, cada vez mais, intervenção do Estado. Esta última evolução ocorreu ora diretamente, por meio das ações dos ministérios e dos órgãos governamentais, ora de maneira mais sub-reptícia, através dos canais oferecidos pelo sistema corporativista. A deflação geral, a redução de salários e a supressão dos sindicatos livres não só implicou a rejeição do fascismo a um mercado interno vigoroso, como também indicou claramente quais eram suas prioridades sociais. Nestas dominava a preferência pela estabilidade à mobilidade. Desencorajava-se ativamente a mobilidade nova e contínua, tanto a vertical, para cima e para baixo da escala social, quanto a horizontal, do campo para os centros urbanos. Nada disso significou o fim dessas movimentações sociais, o que sem dúvida alguma não ocorreu.

Embora francamente danosa para alguns setores da economia, a política econômica fascista inquestionavelmente beneficiava outros poderosos interesses cuja capacidade de influenciar o governo precedia em muito o fascismo e de cuja contínua aquiescência dependiam em parte as chances de permanência do regime: indústria pesada, *agrari* do Vale do Pó e os grandes proprietários de terras, menos empreendedores, de outras regiões. Esses interesses agrários eram, por exemplo, os principais beneficiários da tão alardeada "batalha do trigo" (battaglia del grano) de Mussolini. Essa campanha, que combinava caracteristicamente política econômica e propaganda, foi lançada já em 1925 com o mesmo espírito ultrapatriótico da "Quota 90"; seu objetivo era libertar a Itália do custo de importação de trigo destinando mais terras a esse cereal. Nos termos de sua proposta, a campanha alcançou considerável sucesso – mas reduzindo a variedade da produção agrícola italiana e, desse modo, restringindo a dieta dos italianos menos abastados. Com o abandono das oliveiras, dos pomares, das hortas, das vinhas e das pastagens em favor do trigo, o *slogan* do fascismo, se não foi, deveria ter sido "Que comam carboidratos".

O *crash* da Wall Street em 1929 e a subsequente instalação da depressão mundial tiveram como efeito empurrar o regime fascista para caminhos que – provavelmente é legítimo dizer – muitos de seus líderes em todo caso achavam perfeitamente simpáticos. A fraqueza dos bancos italianos e sua vulnerabilidade a um possível colapso levaram o governo a intervir com mais frequência e mais diretamente na economia. Um estágio vital desse processo ocorreu em 1933 com a criação do Instituto para a Reconstrução Industrial (IRI), *holding* estatal para fundos privados que, ao longo do restante da década, assumiu cada vez mais a tarefa dos bancos particulares de investir no desenvolvimento e na atividade industrial; naturalmente, isso foi feito de acordo com uma linha condizente com a política geral do governo. A guerra etíope de 1935-1936 (ver p. 80-84) deu novo ímpeto a um conceito que sempre estivera implícito no produtivismo, na "batalha do trigo" etc. e em 1936 tornou-se a política declarada de Mussolini, ou seja, a "autarquia" ou autossuficiência econômica. O objetivo fascista da autarquia, total na teoria, mas, na falta disso, o mais total possível, tinha raízes no nacionalismo e no imperialismo anteriores a 1915. Para Mussolini, a autarquia era essencial a uma nação guerreira que simplesmente não podia arcar com a dependência econômica em relação a outras. Essa proposição podia ser oportunamete invertida. Uma vez que dentro de seus limites existentes a Itália – diferentemente, como se argumentava, da Inglaterra com seu vasto império – não tinha condições de atingir a autarquia, seguia-se que tais fronteiras deviam ser ampliadas para se obter o que a Itália necessitava: matérias-primas vitais, terras para assentar sua população "excedente" e mercados cativos para os bens produzidos em casa. Seguia-se também – dada a improbabilidade de que tais ganhos fossem dados de bandeja à Itália – que a expansão territorial exigiria conquista militar. O fato é que isso exigia tempo.

A partir de 1935 houve um aumento no papel do Estado fascista no financiamento industrial, na alocação de matérias-primas, na substituição de materiais importados por outros de produção doméstica e no controle direto de indústrias importantes. Em 1939 ele controlava efetivamente mais de quatro quintos da frota mercante e da construção naval da Itália, três quartos da produção de lingotes e quase metade da de aço. Esse nível de intervenção estatal ultrapassava bastante o da Alemanha nazista antes da guerra, fazendo com que o setor público italiano em tempos de paz só ficasse atrás do da União Soviética de Stalin. A diferença entre a Itália fascista e a URSS estava, é claro, no fato de que na Itália sobrevivia um setor privado substancial, ainda que restringido em sua liberdade e cada vez mais concentrado: por exemplo, duas empresas, a Montecatini e SNIA Viscosa, monopolizavam toda a indústria química. Os indivíduos que compunham a oligarquia financeira, industrial e agrária podem ter nutrido suspeição e até ressentimento em relação ao crescente papel do Estado, sem falar nos objetivos perigosos para os quais os recursos econômicos italianos, ainda pouco regulares, estavam sendo direcionados no fim da década de 1930. No entanto, tais indivíduos estavam comprometidos demais, tinham medo demais do fantasma "bolchevista" que o regime fazia de tudo para alimentar e, talvez, no fundo, *bem acomodados* demais para desejarem livrar-se de um envolvimento ainda muito gratificante.

Ainda há muita polêmica entre os historiadores quanto aos efeitos da política econômica fascista e particularmente quanto a suas relações com a "modernização" da Itália. A questão da "modernização" será mais explorada adiante; o que as simples estatísticas (ainda que merecedoras de crédito) sobre o crescimento e a produtividade escondem, porém, é a desigualdade, às vezes deliberada e às vezes acidental, com que a política econômica fascista e as prioridades sociais que a configuravam afetavam as diferentes áreas da sociedade italiana. Os mais óbvios beneficiários já foram vistos: os privilegiados industriais do norte, os proprietários rurais e os capitalistas agrícolas, cujos produtos eram protegidos e cujas folhas de pagamento se mantinham baixas por obra das políticas trabalhistas fascistas. Entre o controle da inflação em 1925-1926 e seu retorno no fim da década de 1930, muitos elementos dos segmentos altos e baixos da classe média urbana também tiveram motivo de satisfação. Mesmo durante a depressão da década de 1930, a expansão da burocracia do Estado e do partido deu oportunidades de emprego e melhoria do status; a expansão do sistema educacional criou novos postos para aspirantes a professor e qualificações para um número rapidamente ascendente de estudantes de classe média. Além disso, essas camadas médias da sociedade italiana urbana ganharam novo sentido de seguridade e status com a disciplina do movimento operário. O clima de confiança da classe média urbana estendeu-se até às mulheres. A despeito da visão ideologicamente tradicionalista e culturalmente chauvinista que o fascismo tinha do papel das mulheres, as mudanças econômicas e sociais mostraram-se mais poderosas que o preconceito oficial. Como a expansão dos serviços educacionais, médicos e burocráticos criou empregos e cargos para os quais as mulheres − por razões discriminatórias mais sutis − eram consideradas mais adaptadas, o fascismo assistiu a um aumento involuntário e paradoxal no emprego de mulheres em profissões liberais e em escritórios.

As contrapartes rurais das classes médias urbanas, os pequenos proprietários agrícolas, arrendatários e meeiros, muitos dos quais tinham visto o fascismo como melhoria, eram bem menos afortunados. Sob o fascismo o número de proprietários camponeses, que vinha aumentando desde a guerra, voltou a declinar, ao passo que um número crescente de arrendatários e meeiros assistia à deterioração das condições gerais. A propaganda fascista, com sua ênfase na estabilidade social, idealizava a vida rural a ponto de defender a "ruralização" − volta à terra em lugar do contínuo crescimento urbano. A propaganda, porém, estava em desacordo com a realidade da vida rural sob o fascismo, que, em vez de reverter o crônico êxodo rural, provocava a sua aceleração. Esse processo e a também desestimulada onda de emigrantes na direção sul-norte eram intensificados pela ainda crescente disparidade entre a Itália setentrional, que sob o fascismo continuava a desenvolver-se e a gozar de relativa prosperidade, e o sul, devastado por políticas como a da "batalha do trigo" e agora privado de suas tradicionais vias de escape pela emigração para os Estados Unidos e a América do Sul. Alguns rumavam para o sul, em direção à nova "quarta costa" da Itália, a Líbia, embora não fosse suficiente para satisfazer os colonialistas fascistas ou dar razão à propaganda oficial. Um número menor, quando tinha oportunidade depois de 1936, optou por estabelecer-se no novo império italiano da Etiópia.

Os efeitos da política econômica fascista sobre os trabalhadores foram mistos; as recentes pesquisas históricas indicam que foram menos severos, em termos puramente materiais pelo menos, do que se costumava acreditar. Por um lado, os trabalhadores italianos havia tempo não eram defendidos por seus próprios sindicatos, estavam proibidos de organizar-se para a defesa de seus interesses e, como vimos, extraíam benefícios pequenos e desiguais da máquina do Estado corporativo. Os trabalhadores da indústria estavam submetidos a reduções de salários impostas por medidas oficiais, reduções apenas parcialmente atenuadas por uma deflação mais geral, em 1927, 1930 e 1934, enquanto a remuneração dos trabalhadores agrícolas declinou durante os primeiros anos da década de 1930 em 20 a 40%. E – é importante enfatizar – um regime tão admirado no exterior por sua "eficiência" não tornou a Itália tão imune à depressão de 1930 quanto a propaganda se esforçou por sugerir, com considerável sucesso. Os números oficiais admitiam a existência de um milhão de desempregados em 1933; o número real decerto era bem mais alto, com mais alguns milhões de subempregados (especialmente na agricultura) e mulheres trabalhadoras obrigadas a voltar para casa. Ao contrário do já mencionado crescimento no número de empregos para mulheres da classe média, este último "desenvolvimento" decerto convinha à maioria dos fascistas (e com grande probabilidade a boa parte da força de trabalho masculina). O fato é que, terminada a depressão, essa tendência começou a reverter.

Embora o salário nominal na Itália possa ter declinado drasticamente, cabe reconhecer, primeiro, que, graças à queda dos preços do começo a meados da década de 1930, o salário real se manteve mais, caindo entre 1925 e 1938 numa média de no máximo 10% (número que alguns historiadores considerariam alto demais); segundo, que o nível de desemprego seria mais alto não fossem os investimentos do regime e a política de obras públicas; terceiro, que, embora o Estado corporativo propriamente dito tenha feito relativamente pouco pelos trabalhadores, os sindicatos fascistas não só continuaram a funcionar ao lado das corporações como também conseguiram fornecer alguma proteção e benefício a seus membros (cujo número aumentou consideravelmente ao longo da década de 1930); quarto, que o Estado fascista aumentou a oferta de seguridade social (contra desemprego, acidentes etc.) aos trabalhadores; e, finalmente, que novas instituições como o *Dopolavoro* sem dúvida fizeram algo para amortecer os efeitos da pobreza e enriquecer um pouco a monótona vida dos trabalhadores.

Chegar a uma avaliação do desempenho econômico do fascismo só pode ser algo problemático. O regime tinha muita habilidade para ressaltar os sucessos e esconder os fracassos, especialmente durante a depressão, quando as deficiências de governos mais abertos eram brutalmente expostas. As afirmações de que houve resistência triunfante à depressão por parte do regime e as falsas comparações com economias muito mais industrializadas podem ser vistas como testemunho do sucesso do fascismo em apresentar-se tanto quanto em realizar proezas. No conjunto, o regime fascista participou do *boom* europeu de meados da década de 1920 e da recuperação geral do fim da década de 1930, podendo-se argumentar que não conseguiu fazer o melhor uso possível de nenhum dos dois. Em termos de desenvolvimento e mesmo se admitindo o impacto da depressão, seu registro de vinte anos foi inferior ao do liberalismo que o precedeu e ao da democracia que lhe sucedeu. Não podemos saber de que modo uma Itália liberal-democrática se teria comportado ao longo das duas décadas em que o fascismo governou o país, mas não há razão para supor que não tivesse feito melhor: provavelmente com menor custo pessoal para os italianos e certamente com menos afirmações vangloriosas de estar fazendo algo especial. Contudo, no fim muitas dessas coisas podem não ter tanta importância quanto parecem ter. Isto porque Mussolini, com certeza na década de 1930, simplesmente não estava voltado para os objetivos daquilo que poderia ser chamado de política econômica convencional: aumentar as exportações italianas, estimular o mercado doméstico, eliminar o desemprego, elevar o padrão de vida ou mesmo melhorar a dieta dos italianos pobres. Eterna vítima de seu próprio sistema digestivo, o Duce enganava-se ao achar que os italianos mais magros seriam também mais saudáveis e agressivos. Essa fantasia fazia parte de sua convicção, racionalizada na argumentação a favor da autarquia, de que o propósito final da política econômica era ajudar a preparar o país para seu teste final: a guerra.

## Totalitarismo fascista: mitos e realidades

A palavra "totalitário" e o conceito de "totalitarismo" foram inventados pelo fascismo italiano e permanecem entre seus legados mais duradouros. Hoje em dia, graças principalmente a sua associação com o nazismo e o comunismo, o termo "totalitarismo" carrega sobretudo conotações negativas. Para os fascistas italianos, que, cabe reconhecer, o cunharam e disseminaram muito antes que os excessos de Hitler e Stalin pudessem ser previstos, o termo e as ideias por ele transmitidas eram inteiramente positivos. Segundo a propaganda oficial e a teoria fascista meticulosamente construída ao longo dos anos por luminares do partido como o ministro da Educação Emilio Gentile, o fascismo era um sistema "totalitário" que exigia não a conformidade passiva de todos os italianos, mas seu sincero compromisso e participação ativa na empresa heroica da regeneração nacional. O totalitarismo era visto como objetivo concreto que demoraria a ser atingido e como "mito" que, entrementes, inspiraria os italianos a seguir em frente. Para os fascistas mais visionários, a dedicação "total" ao fascismo e às suas metas acabaria por produzir não só uma nova Itália com um novo tipo de regime, mas também uma nova civilização e um novo tipo de humanidade.

A maioria dos italianos – e, claro, dos estrangeiros – prestava pouca atenção às divagações mais extravagantes da teoria fascista, em grande parte bombásticas e intelectualmente medíocres. No entanto, muitos observadores da vida italiana durante a década de 1930, em especial estrangeiros complacentes, concluíram do que viam e ouviam que o objetivo de uma ordem totalitária estava em vias de realização. Não é difícil entender por quê. Quaisquer que fossem os fracassos do fascismo, ao se apresentar ele era um extraordinário sucesso. A propaganda, empregando sofisticadas técnicas modernas para obter efeitos brilhantes e combinando inteligentemente imagens tradicionais com outras ultramodernas, era onipresente. Seu predomínio foi inconteste devido à eficácia com que eram censurados os pontos de vista alternativos e eliminada a oposição. O culto ao Duce com seus *slogans* litúrgicos – "Mussolini tem sempre razão" (Mussulini ha sempre Ragione), "Crer, Obedecer, Combater!" (Crede, Obbedire, Combattere) – era inescapável, conseguindo, como outros cultos à personalidade, transcender um absurdo essencial que insultava a inteligência dos que o engoliam (e ainda engolem). Uniformes, funcionários e milícias fascistas estavam em toda parte. Os trens – pelo menos as linhas principais usadas pelas pessoas que importavam – eram pontuais. Os pântanos, fonte de malária, foram drenados e cultivados, principalmente perto de Roma, onde os resultados podiam ser mostrados com orgulho aos visitantes estrangeiros. Uma arquitetura genuinamente inovadora como a do EUR (Esposizione Universale Roma) representava a reivindicação do fascismo de ser "o movimento do século XX", enquanto a exposição das ruínas romanas o ligava a um passado glorioso. Até mesmo os esportistas tinham compromisso com o sucesso: somando-se aos triunfos de seus atletas de pista e campo e de seus ciclistas, o futebol da Itália ganhou duas Copas do Mundo (1934 e 1938) e uma medalha de ouro olímpica (em 1936) sob a égide de um regime fascista que exaltava o vigor físico e a bravura.

A Itália sob o fascismo sem dúvida tinha a aparência, dava a impressão e de certo modo a "sensação" de ser *diferente* – ou seja, diferente do país que fora nos tempos pré-fascistas e diferente da maioria dos outros países da Europa nas décadas de 1920 e 1930. Apenas outros países governados por aquilo que Sir Oswald Mosley chamava com admiração de "novos movimentos" – União Soviética e Terceiro Reich – pareciam transpirar energia e confiança semelhantes. Para os fascistas (e eles sem dúvida existiram) que tinham visão dinâmica e radical de uma nova Itália, uma nova civilização e um "novo homem fascista", as mudanças que mencionamos eram mais que eloquência; representavam os primeiros estágios de uma profunda transformação cultural e "antropológica". Para os maximalistas do partido, o fascismo, com sua ênfase na fé e a insistência na obediência, era, para os devidos efeitos, uma nova religião. Para uma minoria reconhecidamente atípica dentro dessa minoria, ele desempenhava um papel mundial que nada tinha a ver com a conquista pura e simples. Fascistas como Ugo Spirito sonhavam com a Itália como berço de uma nova Europa e com um fascismo cuja aplicabilidade seria "universal". A única tentativa de uma "internacional fascista", realizada em Montreux, na Suíça, em 1934, confirmou com seus bate-bocas e maledicências o que para outros parecia óbvio: "internacionalismo fascista" e "universalismo" eram terminologicamente contraditórios.

Como teria sido a Itália caso o fascismo tivesse sido agraciado com mais tempo e com um líder mais sintonizado com as ideias totalitárias radicais é algo que nunca saberemos. E, por razões que devem tornar-se claras nos próximos dois capítulos, seria pouco sábio esforçar-se muito em especulação contrária aos fatos. O regime fascista, em última análise, deve ser entendido e julgado não em termos do que alguns fascistas em vão sonharam para ele, mas sim em termos do que a maioria dos fascistas vivenciou e do que ele realmente foi. Na verdade, o fascismo não correspondeu ao totalitarismo reivindicado – quer como realidade consumada, quer meramente como um processo dinâmico – por seus discípulos, por alguns contemporâneos e mais tarde pelos cientistas políticos e mesmo por certo número de historiadores atuais. Também é importante enfatizar que a irregularidade com que o fascismo italiano caminhou para o totalitarismo e a incompletude de suas realizações não se deveram a fatores estranhos ou circunstanciais, mas a uma característica *intrínseca* do regime na forma como se desenvolveu a partir de 1922. Essa característica consistia, simplesmente, no fato de que no início o fascismo precisou fazer composições com poderosos interesses estabelecidos para ter alguma possibilidade de acesso ao poder. Por sua vez, essa necessidade, pode-se dizer, deveu-se ao caráter variado, mutável e confuso do fascismo e à sua correlata falta de ideologia e de programa suficientemente coerente para sustentar uma revolução profunda de fato. E não se tratava de meras táticas descartáveis de curto prazo. Durante os anos de emergência e consolidação do regime, que vão de 1922 a 1929, Mussolini manteve sua estratégia de composição com aqueles que controlavam o poder financeiro, econômico e, mais tarde, religioso. A política econômica e sindical buscada depois de 1925, por exemplo, foi em parte adotada para aplacar industriais e proprietários de terra ansiosos. Foi em 1929, porém, depois de cuidadosa preparação, que Mussolini deu seu maior lance político até então. Os Acordos de Latrão entre o Reino da Itália e o papado puseram fim a uma inimizade de sessenta anos, criaram o Estado do Vaticano e construíram um arcabouço completo para as relações Igreja-Estado na Itália. Para Mussolini, o tratado, além de constituir um tremendo triunfo diplomático em si, selou sua aliança com as forças conservadoras e garantiu o apoio – ainda que frequentemente passivo – de um sem-número de italianos católicos que de outro modo poderiam ser pouco receptivos ou mesmo hostis em relação a ele.

A existência de interesses conservadores autônomos – monarquia, indústria, *agrari,* Forças Armadas e Igreja –, portanto, era parte integrante do regime de Mussolini quando se iniciou a década de 1930. A contínua influência desses setores tornou o regime, em seu caráter essencial, menos profundamente "fascista" e de âmbito menos totalitário do que afirmava ser e do as aparências sugeriam. Ao mesmo tempo que Mussolini – para sua perpétua e crescente frustração – continuou até 1943 constitucionalmente subordinado ao rei, seus outros aliados conservadores, a despeito de todos os esforços em contrário por parte dos fascistas militantes – e, eventualmente, do próprio Mussolini –, mantiveram considerável autonomia dentro de suas respectivas esferas de operação. Para citar apenas o exemplo mais sério: a Igreja, apesar de às vezes ter fortes conflitos com o governo, manteve poderoso domínio sobre duas áreas da vida italiana que eram cruciais para um regime aspirante a totalitário, com pretensões quase religiosas a lealdades individuais: a educação e a consciência pessoal dos fiéis. O efeito dessa diluição do suposto totalitarismo do regime, ironicamente, foi aumentar a autoridade pessoal de Mussolini. Em troca da preservação de alguma autonomia, seus aliados conservadores efetivamente abandonaram qualquer ideia de ação conjunta e cederam ao Duce uma liberdade impressionante para formular e implementar políticas gerais, especialmente a exterior.

Mesmo para a população como um todo, o impacto do fascismo foi desigual, em especial para um regime supostamente empenhado em alterar a mentalidade total da nação. Em toda a porção rural (principalmente no sul) da Itália outras composições feitas pelo fascismo possibilitaram a sobrevivência das estruturas existentes de poder, paralelamente ao partido ou nele disfarçadas. A aldeia de Gagliano na região sul da Lucania, imortalizada no clássico de Carlo Levi, *Cristo parou em Eboli,* exemplifica o malogro do fascismo de afetar a vida rural cotidiana, a não ser como o último numa longa linha de dispositivos para perpetuar o controle da oligarquia local. Os italianos urbanos podiam ser expostos à propaganda fascista por meios como escolas, imprensa, rádio, cinema e as várias organizações do partido, mas tais meios dificilmente penetravam no interior meridional. Com um grupo do sul, porém, o regime fascista recusou composição. Na Sicília, a Máfia, cuja capacidade de operar seu próprio sistema de administração e "justiça" era de todo incompatível com o "totalitarismo", foi resolutamente perseguida e aparentemente eliminada. Mas aí também as aparências enganam. Como veremos, a Máfia, instituição essencialmente conservadora com raízes locais a que o fascismo não podia equiparar-se e que não podia destruir, mostrou-se capaz de sobreviver clandestinamente e de ter a última palavra em sua guerra particular com o fascismo.

Embora a atmosfera hiperativa da Itália urbana possa ter sugerido outra coisa, Mussolini na realidade, talvez sem muita relutância, foi obrigado a contentar-se com a obediência e a conformidade, em vez do ativismo universal supostamente fundamental no totalitarismo. Nesse nível restrito, pelo menos, o regime fascista teve considerável sucesso no início e em meados da década de 1930. Os meios de coação da polícia, da OVRA e da milícia fascista desempenharam papel importante nisso, assim como os efeitos debilitantes, sobre elementos potencialmente perturbadores, da falta de segurança ocupacional e da destruição das antigas redes políticas e sindicais. O medo da demissão garantiu a passividade do crescente contingente de funcionários públicos, especialmente da grande massa de professores desde o ensino básico até a universidade que faziam juramento de lealdade ao regime nos anos 1930. Apenas 11 de 1250 professores universitários recusaram-se a prestar o juramento – num aparente ato de covardia vergonhosa que na realidade era sinal da aceitação negligente por parte do mundo acadêmico italiano de um regime que oferecia poucos desafios intelectuais às ortodoxias instaladas. Entre a juventude italiana e os adultos jovens, a propaganda, a "fascistização" da educação e os efeitos condicionantes das organizações de juventude, do *Dopolavoro* etc., se não criaram tantos fascistas apaixonados como era a intenção, de fato ajudaram a garantir passividade. Se as organizações e atividades oficiais não lograram obter popularidade para um partido considerado corrupto por todos, com razão, pelo menos durante alguns anos fizeram de Mussolini um herói popular. E é essencial reconhecer que para muitos italianos as realizações do regime pareciam muito reais; a paz social no país e o respeito externo eram novidades agradáveis para os italianos politicamente conscientes, antes acostumados à incerteza social e à humilhação internacional. O apelo do fascismo como regime da ordem (o que não ia mostrar-se permanente) foi ajudado pelo fato de que, apesar de todo o falatório altissonante, suas exigências ideológicas individuais implicavam pouco mais que ultrapatriotismo e veneração pelo Duce. O que parece ter sido uma aceitação passiva generalizada do regime no início da década de 1930 inspirou importante historiador italiano do fascismo, Renzo De Felice, a chamar esses anos de "anos do consenso". Essa noção – é compreensível – ofende italianos e não italianos para os quais o consenso aparente não pode ser dissociado da censura, da propaganda deliberadamente enganosa e da repressão pura e simples usada para impingi-lo. A crítica é razoável, desde que consenso – se é que significa algo – implique uma liberdade ativa de escolha que nem mesmo De Felice pode convencer-nos ter sido usufruída pelos italianos sob o fascismo.

Para duas categorias de italianos, o consenso passivo, não importa como obtido, era uma maldição. A oposição ao fascismo, composta a partir do fim da década de 1920 por indivíduos isolados, pequenos grupos clandestinos e células sindicais, era corajosa, mas fraca, mal conseguindo manter vivo um vislumbre de resistência que mais tarde se transformaria em algo muito maior. Muitas de suas figuras de proa foram forçadas ao exílio, destacando-se entre eles os irmãos Roselli da organização *Giustizia e Libertà* (Justiça e Liberdade). Outros, como Carlo Levi, foram punidos com o exílio em lugares remotos de seu próprio país. O tratamento da oposição ativa era implacável, mas antes da Segunda Guerra Mundial ficaram bem aquém dos excessos comuns na Rússia stalinista e na Alemanha nazista. Entre os dispositivos de repressão do fascismo não estavam os campos de concentração antes da guerra nem o ocasional uso da pena de morte por motivos políticos.

No outro extremo estavam os fascistas para os quais as realizações do regime eram insuficientes. Ressentidos com a continuação do poder da Coroa, dos capitalistas e da Igreja, perfeitamente conscientes do fracasso do fascismo em anular o abismo entre Estado e povo e, a partir de 1933, invejosos do curso mais extremo do nazismo na Alemanha, os fascistas radicais insistiam na necessidade de avançar mais em direção ao verdadeiro totalitarismo. Os descontentes com que restava da antiga "esquerda" do partido buscavam maior progresso numa direção socialmente radical, neossindicalista, mas também ficavam desapontados. Nada ilustra mais claramente as limitações do fascismo como regime totalitário do que o permanente anseio de seus próprios militantes por uma "revolução fascista" que nunca veio. Só a partir de 1936 começaram a surgir sinais de mudança.

# 5
# Diplomacia e imperialismo, 1922-1936

## Fascismo e relações exteriores

Os historiadores ainda discordam quanto à conduta de Mussolini nas relações exteriores desde que ele assumiu o posto de primeiro-ministro até a conquista da Etiópia em 1935-1936. Alguns ainda defendem o ponto de vista, outrora dominante na esquerda, de que o imperialismo militarista da década de 1930 representava a reação em grande parte não premeditada aos problemas domésticos de um ditador cuja principal preocupação sempre foi a consolidação interna de seu regime. Mais recentemente, a balança da opinião historiográfica pende para a crença na coerência fundamental da política externa de Mussolini, cuja tendência sempre foi expansionista mesmo quando conduzida com moderação. O que raramente levanta dúvida é o controle de Mussolini na elaboração dessas políticas. Assim como muitos líderes políticos antes e depois dele, uma vez no poder logo desenvolveu certo gosto pela cena internacional, para a qual levou a certeza inata, mas ainda em botão, de sua genialidade. No que se referia à esfera diplomática, isso se traduzia numa autoconfiança ilimitada em seu conhecimento e entendimento dos assuntos internacionais e em suas habilidades de negociador. Como nunca foi bom para delegar encargos a ministros, o Duce, nessa área como em muitas outras, esforçou-se por encontrar um fascista veterano que lhe parecesse o mais qualificado possível para ser secretário do exterior; durante muito tempo, ele preferiu exercer a função pessoalmente e, mesmo quando não o fazia

– entre 1929 e 1932, na época em que Dino Grandi era secretário do exterior e, depois de 1936, quando o posto foi ocupado por seu próprio genro Galeazzo Ciano –, pouco se duvidava de onde estavam o poder e a iniciativa finais. Embora de início sua condução das relações exteriores possa ter sido orientada e até mesmo refreada por funcionários prudentes do ministério das relações exteriores e por seu diretor permanente, Contarini, tais restrições logo foram postas de lado, primeiro quando Mussolini simplesmente passava por cima ou se esquivava de seus burocratas e, depois, quando o ministério das relações exteriores foi parcialmente "fascistizado" com a nomeação e a promoção de membros leais ao partido.

A política exterior da maioria dos países opera segundo trajetórias muito bem conhecidas, sendo difícil imaginar, quanto mais realizar, um desvio súbito. A Itália, logo depois da Primeira Guerra Mundial, não era exceção. Por uma combinação de razões geográficas e históricas, as principais áreas de interesse italiano continuavam sendo o Mediterrâneo, o norte e o leste da África, os Bálcãs e, em menor grau, o Oriente Médio. O principal determinante de sua posição internacional no pós-guerra continuava sendo a fraqueza econômica e militar. Como esta última era em certo grau relativa à força de outros, o panorama do pós-guerra oferecia à Itália bem mais tranquilidade ao longo de suas fronteiras mais vulneráveis, pois o que desde 1861 constituíra uma ameaça crônica e séria à segurança nacional fora varrido pelo desmembramento do Império Austro-Húngaro, seu inimigo histórico. A criação de um Estado austríaco pequeno, fraco e etnicamente germânico não oferecia garantias duradouras de que a Alemanha um dia não viesse a representar nova ameaça à Itália, mas em futuro previsível a fraqueza forçada da Alemanha e a proibição da união germano-austríaca pareciam eliminar essa possibilidade indefinidamente.

O resultado dos acordos de guerra e a paz, se pareciam ter resolvido um dos principais problemas, na opinião de muitos italianos tinham criado ou deixado de resolver vários outros. Contra o pano de fundo dos protestos da "vitória mutilada", surgiam novos desafios para a posição da Itália no Mediterrâneo e no Adriático com a criação de um grande Estado eslavo, a Iugoslávia, e com o avanço de uma Grécia ampliada e ambiciosa. Esta, juntamente com a Inglaterra e a França, parecia tirar mais benefícios que a Itália da desintegração do Império Otomano. Na Itália, esses desdobramentos conflitavam com as reivindicações irredentistas em torno do Adriático e com os sonhos imperialistas de um império na África e no Oriente Médio.

Elemento crucial na ascensão do fascismo ao poder, o mito da "vitória mutilada", reforçado pela situação mais ampla de tudo o que os patriotas italianos gostavam de acreditar ser a "esfera de interesse" de seu país, haveria de constituir seguramente um tema central da política externa de Mussolini. É verdade que nesse campo, como em outros, o programa original do fascismo, de 1919, colorido como estava de socialismo e democracia, dava poucos sinais do que vinha pela frente. O imperialismo era claramente repudiado, e, ao mesmo tempo que as reivindicações da Itália no Adriático eram consolidadas, também era firmado o compromisso do novo movimento de lutar por elas dentro da lei e de forma pacífica. Essas lindas palavras, assim como a maioria dos pronunciamentos do início do fascismo, mostraram ter pouca durabilidade. À medida que o movimento se transformava, também se transformavam as perspectivas de sua política externa. O imenso afluxo de recrutas ativos para os *fasci* e o PNF entre 1920 e 1922 incluía grande número de veteranos de guerra ultrapatriotas, cujos pontos de vista exigiam reconhecimento. Para muitos, os feitos de D'Annunzio em Fiume exemplificavam o tipo de tratamento descomplicado no atendimento aos interesses italianos que eles admiravam, e não há dúvida de que o poeta-herói deu ao fascismo, e a Mussolini em particular, um grande desafio para tentar superar. Depois da Marcha sobre Roma, o *ethos* já modificado do fascismo foi ainda mais fortalecido pela absorção de nacionalistas e outros conservadores. A concepção dos nacionalistas sobre o papel internacional da Itália era expresso com aptidão por Luigi Federzoni, em palavras que seu novo líder ficaria feliz em usar: "Nós, italianos, gostamos de ser amados, mas preferimos ser invejados e temidos". Daí por diante todas as principais facções fascistas – ex-nacionalistas, ex-sindicalistas revolucionários, tecnocratas modernizadores e antigos *squadristi* – defenderam uma política externa "revisionista" voltada para a modificação a favor da Itália de um acordo de paz considerado insultante a seu status de vencedora e grande potência.

Não há razão para acreditar que os pontos de vista de Mussolini então diferiam desses. Entre as influências que haviam apagado seu socialismo estavam pelo menos duas favoráveis não só a uma política revisionista, como também ao uso da força na sua consecução. A primeira delas era a crença pseudodarwinista, nutrida (por razões um tanto diferentes) por nacionalistas e por muitos ex-sindicalistas revolucionários, numa perpétua luta internacional direcionada principalmente contra a "decadente" França. A segunda, que logo começou a penetrar na iconografia fascista e na propaganda visual, era a exaltação dos futuristas à moderna tecnologia, às armas e à guerra. O coquetel daí resultante era perigosamente embriagador, especialmente quando sorvido por pessoa de temperamento tão vaidoso, caprichoso, violento e autoritário como Mussolini. Portanto, embora possa ser ilusório falar de concepção coerente e de busca perseverante de uma política revisionista ou de um "plano" de conquista imperial, duas coisas podem ser apresentadas com segurança. A primeira é que são poucas as dúvidas de que o revisionismo de fato constituía a principal inspiração do comportamento de Mussolini na arena internacional. A segunda é que Mussolini, pessoalmente, não só estava disposto a usar a força, caso achasse que se sairia bem, como realmente considerava bom esse uso para o bem-estar coletivo da nação.

Essa conclusão é reforçada por outros dois ingredientes: a perene violência intrínseca tanto à psicologia coletiva do fascismo, quanto ao ímpeto totalitário, violência que era de difícil controle e exigia canalização; e o caráter espalhafatosamente militarista das políticas domésticas de Mussolini, muitas das quais eram significativamente representadas em temos de "batalha". A "batalha dos nascimentos", ao incentivar o crescimento familiar, tinha o objetivo de aumentar a população da Itália, sobretudo para prover suas Forças Armadas de pessoal e justificar a demanda por mais território. O objetivo da "batalha do trigo" era tornar a Itália autossuficiente no mais importante de todos os alimentos básicos, de tal modo que aquela nova geração, imbuída de valores militaristas e de uma disciplina quase militar por obra da educação e da propaganda fascista, pudesse ser adequadamente alimentada em tempos de guerra. E a política industrial fascista, como vimos, sacrificava a indústria de exportação em favor da indústria pesada necessária à produção de guerra. Não era a política de um regime ou de um líder que se conformasse com a paz duradoura.

## Diplomacia de Mussolini, 1922-1932

Fossem quais fossem as inclinações de Mussolini durante a década de 1920, o completo domínio da Europa pela França e pela Inglaterra impedia não só uma política externa agressivamente revisionista, como também o tipo de equilíbrio internacional precário que pudesse possibilitar à Itália virar o jogo e ganhar inesperada importância diplomática. Por isso, o Duce limitava-se principalmente a protestos retóricos contra o *status quo* pós-guerra, aliados de forma um tanto contraditória com a busca – que ele nunca abandonaria sinceramente, de aceitação como "respeitável" estadista de envergadura continental ou mesmo mundial, capaz de obter ganhos para a Itália por meio de habilidosa diplomacia. O Duce, porém, continuava desassossegado. Seu desprezo pela democracia anglo-francesa e pelo pacifismo da Liga das Nações era um sentimento genuíno, frequentemente expresso com franqueza e – especialmente por sua posição de liderança nacional – agravado por intensa inveja do poderio francês e britânico. O império da França na África, sua rede diplomática no sudeste da Europa, sua posse da Córsega, de Nice e de Túnis e sua proteção ao movimento *Giustizia e Libertà* e a outros emigrados italianos antifascistas, tudo isso despertava nele um furor inqualificável. Em relação à Inglaterra, seu ressentimento diante da presença desta no Mediterrâneo, com base na posse de Gibraltar, Malta e Suez, mesclava-se a uma relutante admiração. Era uma ambivalência também sentida por seu futuro aliado, Adolf Hitler.

O primeiro ano de Mussolini como primeiro-ministro da Itália revelou essas duas faces de ator internacional: a de aventureiro e a de estadista-diplomata. Uma combinação de ousadia e negociação possibilitara-lhe superar D'Annunzio e realmente obter a incorporação de Fiume na Itália. Os termos do acordo de Mussolini com a Iugoslávia foram elucidativos para aqueles italianos que não estavam cegos pelo fervor patriótico: Fiume pode ter sido amputada de suas terras do interior eslavo e condenada à estagnação econômica, mas os fascistas e outros desvairados com a "redenção" italiana da cidade preferiram ignorar esses detalhes incômodos. Menos bem-sucedida foi a impetuosa ocupação da ilha grega (outrora veneziana) de Corfu, que a pressão internacional, especialmente britânica, obrigou a desocupar. Aprendendo com esse escarmento que não podia desafiar os mais poderosos, durante quase uma década Mussolini deu passos mais cautelosos, procurando fortalecer a posição da Itália pela manutenção de boas relações com a Inglaterra, enquanto trabalhava para minar o sistema de alianças da França no sudeste da Europa. Fundamental para essa estratégia foi seu relacionamento amistoso com o secretário britânico do exterior, Austen Chamberlain, um dos muitos conservadores europeus que admiravam o antibolchevismo do Duce e sua imposição da "ordem" interna. A benevolência de Chamberlain foi responsável pela passividade britânica quando do estabelecimento de um protetorado italiano na Albânia em 1926 e possibilitou a cessão de dois pequenos pedaços do território africano à Itália.

Os interesses da Itália na África e nos Bálcãs continuaram bem vivos, e Mussolini procurou concretizá-los de modos nem sempre inteiramente "respeitáveis". O protetorado da Albânia, especialmente em vista da turbulenta posição entre a Iugoslávia e a Grécia, nada mais foi que um meio de estender a influência italiana para o sudeste da Europa; houve outros, como a incitação de movimentos subversivos, em especial entre as várias minorias da Iugoslávia, e a assinatura em 1927 de um tratado com outro Estado revisionista com governo de direita, a Hungria do almirante Miklós Horthy. Os objetivos de tais atividades eram a substituição da influência francesa pela italiana nos Bálcãs e o atendimento das reivindicações italianas no Adriático, se necessário por meio do desmembramento da Iugoslávia. Na África, a política fascista, entre 1922 e 1932, resumia-se pela impiedosa sujeição da população árabe e berbere da Líbia e pela assinatura de um tratado de "amizade" com a Etiópia em 1928. Os acontecimentos da década seguinte serviram para ensinar a etíopes e albaneses que as noções de "amizade" e "proteção" de Mussolini eram bem peculiares.

No fim da década de 1920 aumentava a impaciência de Mussolini com a diplomacia formal – em parte, talvez, devido à atitude desrespeitosa de jornalistas e chargistas estrangeiros não censurados para com suas posturas diplomáticas. Sua linguagem sobre as questões internacionais tornava-se mais veemente e, a partir de 1928, o "revisionismo" foi declarado política oficial. Na prática, porém, a prudência continuava necessária. Apesar de toda a oratória hiperbólica – ou, em outros termos, mentirosa – do Duce em torno do seu suposto exército renascido, com cinco milhões de homens rapidamente mobilizáveis, e sua força aérea capaz de "toldar o sol", a Itália ainda estava mal preparada para um conflito militar sério. O início da depressão em 1929 piorou as coisas; num momento em que preferiria gastar prodigamente com as Forças Armadas, Mussolini não teve escolha, senão aceitar cortes profundos no orçamento militar; o resultado foram mais três anos de cautela diplomática forçada. Foi isso, mais do que qualquer mudança subliminar da política ou a moderação de Grandi como secretário das relações exteriores, que na época inspirou o apoio deste último ao desarmamento geral e à Liga das Nações.

Julho de 1932 marcou uma guinada. Nesse mês Mussolini reassumiu como ministro do Exterior e continuou a preencher importantes postos do ministério com fascistas militantes. A ambivalência tática inicial começou a ser abandonada, e intensificou-se a política que ficara bem perceptível desde o fim da década de 1920. O Duce tinha ficado muito frustrado com os sucessos aparentemente escassos de seu relativo bom comportamento diplomático. A negociação acerca da África e as manobras diplomáticas nos Bálcãs começavam a parecer menos atraentes e gloriosas que o terrorismo e o imperialismo. Outras considerações certamente o impeliam na mesma direção. Internamente, o PNF perdera importância política, e a experiência corporativista (graças, consideravelmente, à apatia do Duce no assunto) estava perdendo ímpeto; no entanto, o apetite "revolucionário" do fascismo ainda precisava ser alimentado; as relações com o Vaticano estavam estabilizadas; nas colônias existentes da Itália a resistência fora esmagada; e na Europa a era do monopólio anglo-francês estava chegando ao fim. O Duce, que uma década antes garantira aos estrangeiros que o fascismo não era para exportação, agora demonstrava cada vez mais pretensões a uma concepção ideológica de política externa: aquela seria a era do fascismo, quando o destino imperial da Itália finalmente se cumpriria.

## Realização do sonho imperial: Etiópia,1932-1936

A ascensão de Hitler ao posto de chanceler na Alemanha em janeiro de 1933 transformou o cenário europeu. O que isso viria a significar para Mussolini, para o fascismo e para a Itália não podia ser previsto, especialmente porque Mussolini até pouco antes desenhara o nazismo. Embora lisonjeado com a ascensão ao poder na Alemanha de um homem que manifestamente o venerava, o Duce podia não se sentir muito à vontade com a nova situação. Por um lado, com o reingresso de uma Alemanha nacionalista na cena internacional seria de se esperar que os britânicos e, ainda mais, os franceses levassem a Itália mais a sério. Por outro lado, uma Alemanha nacionalista poderia vir a pôr em xeque as próprias ambições de Mussolini e até mesmo ameaçar a integridade da

Itália. Os conhecidos propósitos de Hitler sobre a Áustria, onde o nazismo também ganhava força rapidamente, despertava o espectro do renascimento, mas com forma muito mais perigosa, a da ameaça à fronteira nordeste da Itália outrora representada pelo Império Austro-Húngaro. O fato de que em 1919 essa fronteira avançara, abarcando substancial minoria germanófona, só aumentava a potencial vulnerabilidade da Itália a uma nova Alemanha com forte senso de etnia. Foi para rechaçar tais perigos que Mussolini patrocinara durante algum tempo a *Heimwehr*, grupo fascista austríaco, e em 1934 apoiou o regime católico autoritário do chanceler austríaco Engelbert Dollfuss. Em julho de 1934, quando os nazistas austríacos, num malogrado golpe de Estado, assassinaram Dollfuss, Mussolini movimentou tropas para a fronteira austríaca como advertência à Alemanha. Hitler não tinha absolutamente intenção de intervir nesse estágio, mas a movimentação levantou o moral e melhorou a reputação de Mussolini em casa e no exterior.

As esperanças do Duce de explorar o novo equilíbrio continental para tornar-se árbitro da Europa foram frustradas durante o período 1933-1934 pela resistência britânica e francesa. No entanto, ele estava certo ao prever que Inglaterra e França lhe dariam mais liberdade de ação em outra área que o absorvia cada vez mais: a África Oriental. O malogro da Itália em estabelecer importante império na África Oriental durante o século XIX, cujo ápice foi a humilhação de Ádua em 1896, para os defensores do suposto "destino imperial" da Itália representou uma mácula na honra da nação que cedo ou tarde deveria ser superada. Isso só poderia ser feito à custa da Etiópia, único Estado africano que sobrevivia independente e era governado por autóctones. Desde a absorção dos nacionalistas pelo PNF em 1923, com tudo o que isso representou de forte apego às ideias de império e sua eloquente articulação, a maioria dos fascistas ativos abraçara os valores imperialistas. A propaganda oficial associava cada vez mais as glórias imperiais de Roma a um futuro grandioso para a Itália. Mussolini, apesar de sua subordinação constitucional à Coroa e da ambiguidade dos modelos representados por tantos imperadores romanos, sem dúvida não foi avesso, à medida que a década de 1930 avançava, às tentativas de bajuladores como Starace de retratá-lo em termos "imperiais". Quanto ao exército, embora muitos oficiais fizessem ressalvas a alguns aspectos do fascismo e estivessem bem cientes das persistentes limitações militares da Itália, era de se esperar que a perspectiva de uma desforra fácil, ainda que atrasada, sobre um inimigo africano fraco pudesse manter a ordem nas fileiras.

O plano inicial de anexação militar da Etiópia ocorreu no Ministério das Colônias, sob ordens diretas de Mussolini, em fins de 1932. A decisão do Duce de evoluir para anexação coincidiu — quase certamente *não* por coincidência — com o décimo aniversário da Marcha sobre Roma, o fim da brutal "pacificação" da Líbia, e o começo da crise final de Weimar na Alemanha. O exército foi levado a participar do processo de planejamento alguns meses depois. Em dezembro de 1934 as elites militares e civis da nação foram informadas da decisão de invasão por parte do Duce, e uma crise que viria a durar dez meses teve início com um "incidente" conveniente em Wal-Wal, oásis da fronteira entre a Somália italiana e a Etiópia. Quando Wal-Wal lhe possibilitou elevar o nível de tensão, Mussolini passou a rejeitar sugestões de mediação, na expectativa de que a França e a Inglaterra o tratariam com compreensão. Não ficou decepcionado. Na Conferência de Stresa em abril de 1935, de que participaram Itália, França e Inglaterra e que aconteceu como reação ao "revisionismo" alemão, os franceses e os britânicos premeditadamente evitaram qualquer menção à Etiópia; mais tarde, naquele mesmo ano, a Inglaterra chegou ao ponto (na verdade, foi mais longe do que tinha direito) de "oferecer" a Mussolini uma fatia do território etíope. Mas agora só a guerra satisfaria Mussolini. O império, como declarou, não podia "ser construído por outros meios". Em 3 de outubro de 1935 começou a guerra. A generosidade anglo-francesa tinha mais uma carta na manga: o pacto Hoare-Laval, destinado a oferecer a Mussolini o bastante da Etiópia para assegurar seu controle sobre a cota de Estado que restasse. O escândalo provocado na opinião pública da Inglaterra obrigou à retirada do esquema antes que se conhecesse a reação de Mussolini. Enquanto isso, a Liga das Nações votava sanções econômicas contra a Itália. Está provado que era uma farsa; o petróleo, *commodity* vital, não foi incluído, e os ingleses abstiveram-se de fechar o Canal de Suez à navegação italiana; além disso, nenhuma sanção foi imposta por nações como a Alemanha e os Estados Unidos, que não eram membros da Liga. Em maio de 1936 a guerra estava encerrada, e o império da Itália na África Oriental finalmente era realidade. Vittorio Emanuele III foi proclamado imperador do último território substancial a sucumbir ao imperialismo europeu. Mussolini e o regime fascista tinham atingido o auge do sucesso. Não haveriam de subir mais.

A conquista da Etiópia representou a realização, por parte de Mussolini, daquilo que fora um sonho nacionalista italiano durante meio século. No entanto, nem os problemas da depressão, nem os interesses africanos de certos grupos de pressão industriais foram suficientes para determiná-la. É inegável que as indústrias ligadas à guerra lucraram com o conflito, e que o mesmo ocorreu com os mais variados setores da economia, em decorrência das subsequentes exigências da construção colonial. Mas nada disso *pôs em movimento* o imperialismo. Em pequeno grau e muito mais no curto prazo, a vitória e a obtenção de uma nova colônia podem ter parecido comprovar a repisada propaganda de cunho nacionalista com que o regime fascista justificava seu expansionismo. O que na verdade deve ter fascinado os militantes fascistas e o público italiano em geral foi a crença em vantagens como terra abundante para o estabelecimento de emigrantes, matérias-primas baratas e copiosas e novos mercados para os manufaturados italianos. No entanto, as colônias existentes, em especial a Líbia, já não conseguiam atrair os milhões de potenciais emigrantes tão amados pela propaganda fascista e mostravam-se pouco compensadoras para os poucos milhares que realmente se haviam estabelecido ali; ademais, a infraestrutura administrativa, policial e econômica que exigiam constituía uma sangria considerável do erário italiano. Seja como for, é difícil admitir que tais considerações de algum modo *tenham impelido* a Itália para a guerra ou que tenham pesado muito onde realmente importava: na mente de Benito Mussolini. Se fosse assim, ele logo teria motivos para outras reflexões que de fato, pelo que se sabe, nunca o perturbaram. A aquisição da Etiópia, como seria facilmente previsível, logo se mostraria tão decepcionante quanto a da Líbia.

A explicação para o ataque à Etiópia é fundamentalmente simples e pode ser encontrada no próprio fascismo, em seu Duce e na relação entre ambos. A necessidade de empolgação, conflito e sucesso espetacular era uma das características realmente essenciais do fascismo. O reconhecimento e a encarnação consciente desse *machismo* por parte de Mussolini foram ainda mais sacramentados pelos bem-sucedidos absurdos do culto que o cercaram. A maioria dessas coisas era estranha, ou pelo menos constituía uma opção "extra" à mão, para outras ditaduras do sul europeu que foram bem mais duradouras. Franco na Espanha e Salazar em Portugal construíram cultos pessoais com base no apelo à estabilidade e na absoluta *falta* de empolgação. Nem a psicologia individual de Mussolini, nem a psicologia coletiva do fascismo tornavam concebível um futuro assim – o que no fim foi fatal para ambos.

# 6
# Declínio e queda do fascismo, 1936-1945

## O Duce na guerra, 1936-1943

Consumada a conquista da Etiópia, Mussolini viu-se numa encruzilhada diplomática. Quaisquer que fossem os métodos que ele pudesse ter começado a usar, no que se referia a seus objetivos ele ainda não tinha se aventurado para além dos caminhos já bem trilhados da política externa italiana. Apesar do apoio britânico às sanções por causa da Etiópia, os laços com a Inglaterra, que tinham constituído o elemento mais persistente em sua diplomacia, permaneceram intactos. Os horizontes do Duce estavam mudando, porém, e em algumas semanas, com seu aquiescente genro Ciano no Ministério do Exterior, em enveredou por um caminho inteiramente novo. Em julho de 1936, militares de direita e rebeldes civis insurgiram-se contra o governo eleito da República Espanhola. Mussolini, que vinha financiando milícias direitistas espanholas desde 1934, viu a rebelião como uma oportunidade de ajudar a eliminar a democracia e o "bolchevismo" num importante Estado latino irmão e, ao mesmo tempo, estender a influência italiana pelo Mediterrâneo ocidental. Prevendo outra vitória fácil e rápida além daquela da Etiópia, ele canalizou recursos italianos para a guerra, pondo-se ao lado dos rebeldes. Seria um importante investimento: 25 mil soldados e milicianos fascistas no auge, em 1937, e mais de 70 mil ao todo, além de grande quantidade de aviões, armas e munições, que a Itália mal podia dar-se o luxo de desperdiçar. A vitória, ademais, não se mostrou rápida nem fácil: a Guerra

Civil Espanhola arrastou-se por quase três anos antes que os rebeldes nacionalistas, sob a liderança de Franco, finalmente vencessem a resistência republicana em 31 de março de 1939. A guerra, ao mesmo tempo em que chamava a atenção para o impressionante profissionalismo militar do outro principal patrono estrangeiro de Franco, a Alemanha nazista, expunha e agravava as deficiências militares da Itália. Quanto às esperadas recompensas, também nesse caso a Itália, mesmo obtendo alguns benefícios estratégicos, teve a cena facilmente roubada por sua aliada Alemanha. O comportamento das tropas e da milícia italianas durante a guerra foi, na melhor das hipóteses, desigual. A derrota das forças fascistas italianas na batalha de Guadalajara (março de 1937) ganhou significado especial. Infligida em parte pelo batalhão Garibaldi das Brigadas Internacionais voluntárias, constituído por exilados italianos antifascistas, transmitiu duas certezas aos antifascistas da Itália: que a chama da resistência ainda estava viva, e que o poder do fascismo não era insuperável. Para quaisquer fascistas italianos que estivessem preparados para substituir *slogans* por análise, a experiência espanhola oferecia provas de que a transformação dos italianos em "novos homens fascistas" ainda tinha um bom caminho pela frente.

A aventura espanhola de Mussolini demonstrou de modo conclusivo a nova direção ideológica e expansionista de sua política externa. As democracias "decadentes", declarava o Duce, precisavam aprender que aquele era o século do fascismo, e que o Mediterrâneo, em termos de influência pelo menos, era um "lago italiano". Esse novo e arriscado comportamento foi de inteira escolha de Mussolini, pois as democracias, França e Inglaterra, demonstravam pouca vontade de indispor-se com alguém cuja amizade diante da ressurgente Alemanha faziam questão de manter. No entanto, foi precisamente esse renascimento, resumido para Mussolini na remilitarização da Renânia por Hitler em março de 1936, que o convenceu de que seu futuro diplomático era com a Alemanha. Em outubro de 1936, respaldados pela parceira Espanha, as duas potências firmaram, por iniciativa de Mussolini, uma associação informal à qual o Duce deu o nome de Eixo. A formação do Eixo Roma-Berlim marcou o primeiro passo naquela que viria a ser uma relação fatídica. Os dados foram lançados em 1938, quando Mussolini adotou a neutralidade diante da anexação da Áustria pela Alemanha, o *Anschluss*. O contraste com sua beligerância antigermânica em 1934 era espantoso, e desse ponto em diante as posições relativas dos dois ditadores se inverteram. Mussolini, inicialmente um tanto desdenhoso em relação a seu colega menos experiente, ficou deslumbrado com o poderio militar alemão durante uma visita em setembro de 1937. Na época do *Anschluss* ele se tornava indiscutivelmente a figura menor, e a Itália, o parceiro inferior na nova relação. Os acontecimentos seguintes apenas ressaltaram a posição subalterna da Itália. Na conferência de outubro de 1938 em Munique, Mussolini, tentando novamente posar de árbitro da Europa, foi visivelmente figura periférica. O sucesso diplomático da Alemanha em Munique e a destruição da Tchecoslováquia por Hitler no início de 1939 impeliram um Mussolini admirador, mas enciumado, a um ato flagrante e patético de emulação: a anexação formal do "protetorado" da Albânia pela Itália em abril de 1939. Em maio de 1939, Ciano, cada vez mais incomodado e infeliz, foi obrigado pelo sogro a assinar com a Alemanha um novo acordo, o Pacto de Aço. Ao contrário do acerto informal e inespecífico do Eixo, o Pacto de Aço era uma aliança militar inequívoca que, redigida de acordo com os desejos da Alemanha, obrigava os dois Estados à assistência mútua em caso de hostilidade, não meramente defensiva.

Isso não significava que em meados de 1939 a Itália estivesse pronta para o tipo de guerra à qual a aliança com a Alemanha parecia conduzi-la com toda a probabilidade. Quando, em maio de 1938, os alemães sugeriram pela primeira vez uma aliança militar estável, Mussolini relutou, em parte porque a opinião pública italiana estava despreparada e em parte porque antes de 1942 a Itália não estaria pronta militarmente para hostilidades contra potências importantes (fossem elas quais fossem). Agora que o pacto existia, com os recursos econômicos e militares italianos disseminados pela África Oriental, desperdiçados na Espanha e diluídos na Albânia, ele declarara que seria preciso esperar 1943 para que seu país pudesse cumprir a parte que lhe cabia. Vinda de um ditador que tivera quase dezessete anos para realizar o sonho de transformar seu país numa nação guerreira, não se poderia dizer que essa afirmação traduzisse um sucesso.

Por mais constrangedor que fosse, a avaliação que Mussolini fazia da situação militar da Itália era consistente e mostrava que ele de modo algum perdera o contato com a realidade. Os acontecimentos de 1939-1943 mostraram que ele estava certo ao demonstrar cautela em 1938-1939 e muito errado mais tarde, quando ignorou suas próprias palavras de advertência. Quando a guerra estourou em setembro de 1939, ele espertamente solicitou a Hitler quantidades impossíveis de armas e matérias-primas como preço da imediata participação da Itália, mas em vez disso recebeu do Führer – coisa que ele com certeza pretendia – a aceitação da neutralidade italiana. Na primavera de 1940, porém, quando os alemães invadiram o noroeste da Europa, o Duce, desconfortável num papel tão pouco heroico em tempos tão empolgantes, decidiu atirar a Itália naquilo que parecia vir a ser uma guerra curta; só desse modo a nação poderia esperar cumprir totalmente seu destino no Mediterrâneo e nos Bálcãs.

Mais uma vez, como ocorreu com a Espanha em 1936, os cálculos de "guerra curta e vitoriosa" por parte de Mussolini ficaram bem longe do acerto. Sua avaliação do potencial militar da Itália, feita antes da guerra, por outro lado, mostrou-se vergonhosamente precisa. Desde o começo a Itália foi mal na guerra. Avanços poucos significativos para o sudeste da França em junho de 1940 foram seguidos em outubro por uma invasão desastrosamente malsucedida da Grécia, da qual a Itália só foi resgatada pela intervenção alemã. No norte da África, principal área atribuída às forças italianas pela Alemanha, depois dos primeiros avanços, os ingleses obrigaram a Itália a recuar no fim de 1940, e o comando efetivo da operação foi assumido pelos alemães do general Rommel durante 1941. Enquanto isso, em meados de 1941, o recém-conquistado império da África Oriental foi tomado pelos ingleses. No momento, porém, o compromisso de Mussolini com Hitler era total. No verão de 1941, inspirado por esse compromisso, embora desnecessariamente, ele enviou forças italianas para ajudarem a Alemanha na invasão da União Soviética. De modo ainda mais insensato, em dezembro, depois do ataque japonês a Pearl Harbor, ele cometeu o absurdo supremo e suicida de declarar guerra aos Estados Unidos. Quando a maré da guerra na Europa e no norte da África começou a virar contra o Eixo em 1942, foi a Itália fascista, muito mais que sua aliada Alemanha, que ficou exposta à contraofensiva dos Aliados ocidentais. Isso começou em novembro de 1942 com o colapso do Eixo em El Alamein e a invasão anglo-americana dos territórios franceses do norte da África. Seis meses depois as forças do Eixo foram esmagadas no norte da África, e em 9 de julho de 1943 as tropas dos Aliados, com a conivência da Máfia ressurgida, desembarcaram na Sicília. O teste final do fascismo estava para começar.

## A derrubada de Mussolini

Em maio de 1936, com seu regime firmemente estabelecido, e a Itália com um lugar ao sol africano aparentemente garantido, a reputação de Mussolini perante os italianos estava no auge. A partir daí, num movimento que pode não ter sido notado no dia a dia, começou a declinar de maneira constante. Como era de se esperar, o declínio teve início com a intervenção ilegal da Itália na Espanha, empreendimento que começou impopular e mais impopular ficou à medida que se arrastava por mais tempo. Importante também nesse declínio foi a crescente proximidade e subserviência da Itália em relação à Alemanha nazista. A natureza degradante da posição da Itália perante a Alemanha ressaltou em 1938, quando os alemães chegaram à fronteira de Brenner sem encontrar resistência e ali permaneceram. Muitos italianos também se sentiram contrariados com os claros sinais de radicalização no regime fascista, especialmente com as leis raciais de 1938, criadas numa espécie de imitação servil do racismo nazista. Entre os que achavam desagradável o novo comportamento de Mussolini estava o rei, cuja alegria com a posição imperial da Itália foi estragada pelo descontentamento de ver a nação cada vez mais reverente para com a Alemanha. À parte sua antipatia pessoal por Hitler – no que era plenamente correspondido –, Vittorio Emanuele tinha todas as razões para recear a influência do Führer sobre o Duce. No fim da década de 1930 o outrora republicano Mussolini, invejando o domínio completo de Hitler na Alemanha e impaciente com sua própria sujeição constitucional à Coroa, foi assaltado por novo desejo de solapar a posição da monarquia. Ao assumir o comando das Forças Armadas em 1940, o Duce criou ainda mais resistência a um monarca que, à medida que a guerra avançava e as notícias pioravam, não aceitava mais a ideia de que Mussolini fosse indispensável.

 Uma fonte importante do antigermanismo dos italianos antes da guerra era o temor generalizado e legítimo de envolvimento em hostilidades instigadas pela Alemanha contra outras importantes potências. Em junho de 1940, contudo, a opinião pública italiana, um tanto relutante, uniu-se por trás do regime. Provavelmente não é cinismo demais sugerir que, caso a guerra da Itália tivesse prosperado, Mussolini teria reavido a glória e a popularidade. Mas, em vez disso, a sucessão de derrotas italianas simplesmente desmascarava o vazio de seu belicismo bombástico e as falhas gerais do fascismo como sistema. Enquanto as forças italianas lutavam, a influência alemã se tornava cada vez maior, não só na zona de guerra, mas também na própria Itália. A perda do território "imperial" no norte e no leste da África, combinada com as pesadas baixas italianas na Rússia, incentivaram tanto os simpatizantes conservadores quanto os fascistas pragmáticos a procurar sair da aliança alemã e buscar uma paz em separado com os Aliados. As condições internas da Itália fortaleciam tais desejos, pois era aguda a carência de alimentos e outros produtos essenciais; além disso, em março de 1943, ressurgiu importante atividade grevista nos distritos industriais do norte.

Nesse ponto, Mussolini precipitou a crise de seu próprio regime no início de 1943. O Duce estava doente, atormentado por distúrbios gástricos agudos que não eram menos debilitantes por serem, ao que parece, pelo menos parcialmente psicossomáticos. Já havia deixado de ser uma figura impressionante, parecia ter mais do que os seus sessenta anos e estava perdendo o respeito de muitos fascistas proeminentes. Sentindo isso talvez e corroído por inabituais sensações de vulnerabilidade, ele se cercou de homens que só diziam sim e ignorava a flagrante corrupção dos políticos do partido e dos numerosos parentes de sua amante, Clara Petacci. Entre fevereiro e abril de 1943 o Duce rebaixou de posto várias figuras importantes do fascismo, entre as quais Ciano, Bottai e Grandi. O efeito foi atirar esses fascistas influentes e agora descontentes nos braços dos conspiradores contrários aos alemães, portanto a Mussolini: uma coleção variada de monarquistas, políticos liberais ressurgidos, importantes figuras dos meios militares e policiais e dissidentes fascistas moderados.

A invasão anglo-americana da Sicília tornou a situação crítica. Em 16 de julho de 1943 os discordantes fascistas conseguiram convencer Mussolini a reunir o Grande Conselho Fascista naquela que seria sua primeira sessão desde 1939. Durante a semana anterior à reunião, a reputação de Mussolini junto a italianos bem informados e influentes baixou ainda mais. Em 19 de julho o Duce encontrou-se com Hitler em Feltre, no norte da Itália. Como já era habitual, o Führer dominou tanto as discussões quanto seu aliado italiano. Mussolini, totalmente intimidado, deixou de fazer o que seus conselheiros militares e políticos lhe haviam solicitado insistentemente: dizer a Hitler que a Itália não poderia continuar lutando.

A fatídica reunião do Grande Conselho Fascista começou em 24 de julho de 1943 e atravessou a noite; Mussolini era alvo de críticas não de um lado, mas de dois. Num dos flancos estavam Grandi, Ciano, Bottai e os que podiam ser chamados de "moderados", que queriam romper com a Alemanha e admitiam que isso exigiria a destituição de Mussolini. Para alguns, esse era o único meio de salvar a Itália das garras alemãs, e salvar o fascismo das garras de um nazismo estrangeiro; outros estavam preparados para ver o fascismo desaparecer a fim de atender a interesses mais amplos e duradouros da Itália. No outro flanco estavam os conselheiros cujas esperanças se situavam exatamente na direção oposta. Para o mordaz Farinacci e outros radicais pró-alemães de linha dura, um estreitamento maior da aliança alemã deveria ser combinado com uma revolução "nazificante" e revitalizante promovida pelo partido em casa. Os de linha dura teriam sua oportunidade mais tarde, porém no momento os "moderados" eram maioria. Depois de muita discussão, foi facilmente aprovada uma moção proposta por Grandi, um dos companheiros fascistas mais antigos de Mussolini. Chamar o rei a reassumir o comando das Forças Armadas da Itália, significava a não confiança na liderança do Duce. Mussolini, parecendo menos perturbado que qualquer um dos que, depois de duas décadas de idolatria, tinham votado contra ele, saiu da reunião recusando-se a acreditar que aquele órgão "consultivo" e domesticado pudesse prejudicá-lo. Estava errado. Em 25 de julho de 1943, o rei, informado do voto do Conselho, aproveitou a oportunidade para invocar um poder constitucional que estava praticamente adormecido desde a crise Matteotti dezenove anos antes. Num encontro com Mussolini, Vittorio Emanuele informou ao homem que o havia tornado imperador que ele já não era primeiro-ministro da Itália. No momento em que deixava a régia presença, o atordoado Mussolini foi gentilmente preso.

## A República de Salò e o fim do fascismo

Quando Mussolini caiu, o rei confiou o posto de primeiro-ministro a um general monarquista, Badoglio, e foi preparado o caminho para a rendição da Itália aos Aliados. Isso ocorreu em 8 de setembro de 1943, seguindo-se em outubro a declaração de guerra do Reino da Itália à sua recente parceira do Eixo, a Alemanha. Mudar de lado com uma guerra a caminho, estando claro que seria longa a estrada pela frente, foi um negócio inevitavelmente difícil. Quando os Aliados entraram em terras continentais do sul da Itália, perto de Salerno, no começo de setembro de 1943, os alemães reagiram ocupando formalmente o norte e o centro do país. Durante os vinte meses seguintes a Itália foi palco de duas guerras sobrepostas: uma luta convencional entre alemães e Aliados (que avançavam lentamente) e uma guerra civil cruenta e cada vez mais intensa entre fascistas da linha dura e a Resistência, que crescia rapidamente.

A ausência de oposição popular à queda de Mussolini, a fraqueza da resistência dos fascistas aos Aliados e a quase total desintegração da organização fascista nas regiões italianas que não estavam sob controle militar alemão eram testemunhos cabais das limitadas realizações do fascismo. Durante o ano de 1943, ficou claro que o fascismo deixara não só de construir um novo Estado autêntico e duradouro, como também não conseguira fincar raízes profundas na sociedade, transformar a cultura italiana e criar um povo revigorado, guiado por valores heroicos, marciais e de autossacrifício. Tais valores, que *sem dúvida* existiam entre os italianos, mostravam-se menos propensos a reaparecer a serviço do fascismo do que a favor de sua extinção. Nada disso foi contradito, ainda que com cenário um tanto alterado, pela nova versão do fascismo que logo apareceu na zona ocupada pelos alemães. Estes estavam ansiosos para respaldar suas posições militares na Itália, dando sustentação ao fascismo nas áreas por eles controladas e garantindo a continuação da obediência da população civil. Para tais fins eles precisavam dos serviços de Mussolini, que, depois de ser preso, ficou detido em Gran Sasso, no alto dos Apeninos. Por isso, em 12 de setembro de 1943, paraquedistas alemães realizaram um audacioso ato de resgate. O Duce, milagrosamente libertado e agora preso a Hitler por uma dívida de gratidão, foi levado para o norte por seus salvadores a fim de desempenhar novo papel: o de dirigente de um novo "Estado" fascista, que recebeu o sugestivo nome de Repubblica Sociale Italiana (República Social Italiana, RSI). A nova república, que proclamava ter poder sobre toda a Itália, tinha como reais fronteiras as da zona ocupada pelos alemães, fronteiras que se contrairiam quando a Alemanha também se contraísse. Na clara expectativa de maior recuo, seus centros administrativos foram instalados o mais longe possível das frentes de batalha, que estavam sempre ultrapassando limites. De modo apropriado a um regime cujo teor seria mais propagandístico que prático, foi o local em que estavam situados seus centros de propaganda, a cidade de Salò, às margens do Lago Garda, que lhe deu o título mais conhecido: República de Salò.

Superficialmente, a RSI representava um retorno ao radicalismo social do fascismo dos primeiros tempos que fora progressivamente marginalizado, de início na busca do poder e depois em sua consolidação. O pessoal pertencente ao governo da RSI consistia principalmente em figuras de segundo plano – e segunda categoria – e em fascistas radicais frustrados até então; seu programa, definido no Congresso de Verona em novembro de 1943, era furiosamente republicano – compreensível diante da destituição de Mussolini por parte do rei – e antissemita; embora garantisse o direito à propriedade privada, considerava a possibilidade de reforma agrária e de participação de trabalhadores e do Estado na direção da indústria. Esse radicalismo social, apesar de levado muito a sério por seus autores – e por muitos neofascistas no pós-guerra –, soava irreal. Muitos fascistas se recusaram a lutar por sua implementação; os industriais resistiram a ele com sucesso exatamente como uma década antes tinham se esquivado das exigências do corporativismo; os trabalhadores, cada vez mais organizados por comunistas e socialistas que ressurgiam, lutaram contra ele; e – importantíssimo – os alemães o invalidaram. Pois, se em teoria a RSI representava um retorno ao "esquerdismo" fascista, o que de fato ficava claro era a total sujeição do desfalcado Estado fascista à Alemanha nazista. Enquanto os entusiastas fascistas falavam de participação dos trabalhadores na indústria, os alemães despachavam sem misericórdia trabalhadores italianos para atuar na Alemanha; enquanto a retórica nacionalista da astuta máquina de propaganda de Salò continuava incansavelmente, a Alemanha ignorava o Pacto de Aço e anexava o território italiano ganho do Império Austro-Húngaro em 1918-1919; e nesse tempo todo a RSI, criada por alemães e fascistas radicais para manter a lealdade dos italianos, presidia sobre o exato oposto, visto que cada vez mais gente debandava para a Resistência. E, enquanto o programa da RSI mostrava o lado mais teoricamente "progressista" do fascismo, as ações de seus militantes e de seu chefe de Estado mostravam o fascismo em seu lado mais vingativo e vicioso. A oposição e a resistência eram tratadas com uma brutalidade sádica que superava até mesmo os piores atos do *squadrismo*, ao mesmo tempo em que os "traidores" de Mussolini dentro do partido eram vilipendiados e perseguidos impiedosamente. No entanto, apenas um dos principais "traidores" de julho foi realmente apanhado.

O conde Galeazzo Ciano, outrora ministro do Exterior, foi sumariamente julgado e executado com a aprovação de seu implacável sogro.

Entrementes, a área nominalmente governada pela RSI continuava encolhendo. A tomada de Roma pelos Aliados em 4 de junho de 1944 foi um duro golpe no moral de alemães e fascistas italianos. A isso se seguiu prontamente a substituição de Badoglio por um governo civil, que ansiava pelo fim da guerra e pela retomada da democracia italiana. Em agosto de 1944, os Aliados já tinham subido até Florença e no fim do ano controlavam toda a Itália ao sul de uma linha que ia do golfo de Liguria ao Adriático, em Rimini. No começo de 1945, enquanto a própria Alemanha era invadida pelo oeste e pelo leste, os Aliados e a Resistência rapidamente reconquistaram a Itália setentrional – que podia ser considerada não só o último baluarte do fascismo, como também sua principal zona estratégica. Com seu regime de papel em frangalhos, Mussolini, depois uma tentativa frustrada de chegar a um acordo com a Resistência, voou rumo ao norte, em direção à fronteira, sob proteção alemã. Interceptado e preso pela Resistência, não houve piedade para o Duce. Ao contrário, em 28 de abril de 1945, ele e a amante Clara Petacci foram mortos a tiros e seus corpos levados de volta a Milão. Ali, na cidade que fora berço do fascismo cerca de 26 anos antes, o Duce teve sua última aparição pública – como cadáver enlameado, suspenso pelos pés num posto de gasolina de uma praça da cidade. Exposto ao desprezo e ao ódio da população.

# 7
# Como interpretar o fascismo italiano

Enquanto viveu, o fascismo italiano suscitou intensa controvérsia entre os europeus politicamente conscientes, em especial quando passou a ser visto como apenas o primeiro exemplo de fenômeno generalizado. Hoje em dia, a controvérsia continua à medida que os neofascistas e os chamados "pós-fascistas" veneram a memória de Mussolini, enquanto os italianos de esquerda continuam dispostos a ver o fascismo apenas nos termos mais negativos possíveis. Entre os estudiosos do fascismo italiano e de seu lugar na história do fascismo como fenômeno europeu mais amplo, numerosas interpretações desse período elusivo da história italiana competem pela aceitação. As seções abaixo estudam algumas das mais importantes.

## Fascismo, crise moral e sociedade de massas

Muitos liberais italianos que testemunharam o surgimento do fascismo e sua ascensão ao poder relutaram em vê-lo como um movimento profundamente arraigado ou complexo, que exigisse atenção e análise cuidadosa. Também não estavam muito interessados em vê-lo como algo surgido de erros antigos e crônicos do sistema liberal que desposavam. Exemplo proeminente dessa tendência foi o filósofo e historiador napolitano Benedetto Croce. Provavelmente o mais importante intelectual italiano de sua geração, Croce não só viveu no período fascista, mas, devido ao peso de seu nome, foi em grande parte protegido da censura e de aborrecimentos nas mãos do regime. Para Croce, o fascismo era um sintoma e um subproduto infeliz de uma decadência moral temporária, portanto reversível, do liberalismo italiano. Desde a virada do século, argumentava, o "senso de liberdade" liberal vinha sendo degradado pelo materialismo, pelo nacionalismo exagerado e pela admiração crescente por figuras "heroicas". As novas massas empurradas para a cena política durante aqueles anos careciam de sensibilidade liberal e eram facilmente manipuladas por uma minoria de desordeiros fascistas, enquanto a classe governante da Itália resvalava para a corrupção e a incompetência. O fascismo, embora capaz de tirar vantagem dessa situação triste, mas reparável, era, pois, uma interrupção na obtenção de uma "liberdade" ainda maior pela Itália, uma contaminação moral de curta duração da qual o país, voltando a dedicar-se ao ideal de liberdade, poderia recuperar-se depressa. Ironicamente, os intelectuais e propagandistas fascistas concordavam com Croce no que se refere à degenerescência moral do liberalismo; diferiam ao verem o liberalismo como *intrinsecamente* vicioso, e o fascismo não tanto como sintoma, mas como cura.

Ao enfatizar as fraquezas e defeitos do liberalismo italiano e a fragilidade moral de seus maiores expoentes, Croce deu à questão um rumo que continuou atraindo muitos não italianos para os quais Mussolini era um mero oportunista, e o fascismo, um fenômeno inerentemente superficial, indigno de análise prolongada e séria. Exemplo notável, embora com uma visão muito diferente de Croce em relação ao liberalismo italiano, é o ilustre historiador britânico da Itália moderna e biógrafo de Mussolini, Denis Mack Smith. Para Mack Smith, assim como para muitos estudiosos anglo-americanos que discordam dele em outros pontos, as fraquezas do liberalismo italiano que ensejaram o fascismo não constituíam, como Croce acreditava, uma intrusão temporária, mas eram inerentes ao *Risorgimento* e ao sistema por ele gerado. Como indicou este breve estudo, é inegável que as falhas do liberalismo italiano de fato deram importante contribuição ao aparecimento e ao crescimento do fascismo, bem como à sua conquista do poder. Que essas falhas fossem tão recentes quanto Croce deu a entender e que o "senso de liberdade" liberal fosse anteriormente um elemento tão fundamental da vida italiana são coisas muito questionáveis. Mack Smith e outros sem dúvida estão certos ao acentuarem que os problemas do liberalismo, fossem ou não "morais", não eram efêmeros, mas crônicos. A relutância dos liberais crocianos (linhagem mais ou menos extinta hoje) e de outros acadêmicos liberais mais recentes (muito diferentes daqueles em outros aspectos) em levar a sério o significado sociológico e ideológico do fascismo é outra questão.

Pode-se dizer que Croce, ao identificar "massas" incultas e manipuláveis como problema do liberalismo italiano ligou seu nome a uma abordagem do entendimento do fascismo que continuou ganhando adeptos durante muitos anos, até décadas, depois de ter surgido. Sem dúvida até os anos 1970 vários estudiosos, principalmente cientistas sociais, tentaram explicar o fascismo em temos de chegada à cena política daquilo que foi frequentemente chamado de "massas amorfas". Segundo dizem, a rápida industrialização, a urbanização, a guerra e a desmobilização arrancaram milhões de italianos de suas raízes tradicionais e destruíram suas costumeiras relações locais, pessoais, socioeconômicas e culturais. Impotentes e desnorteados, essas almas abandonadas tornaram-se presa de demagogos habilidosos e de minorias organizadas que eram capazes de usá-las para desafiar a dominação das elites governantes. Essa visão do fascismo, como a de Croce, deve muito à obra de escritores elitistas do começo do século XX, como Pareto, Mosca e Michels, e foi em parte compartilhada por muitos intelectuais e propagandistas fascistas. Para eles, claro, as conclusões eram inteiramente diferentes, e o papel do fascismo em relação às supostas "massas amorfas" foi positivo. Ansiosos por denegrir o "velho" regime liberal e sua "classe política" pela distância que mantinham do povo italiano, os fascistas apontavam para o apelo que seu próprio movimento exercia sobre as massas, ao mesmo tempo em que negavam sua ligação com quaisquer classes sociais em particular. O fascismo, para seus adeptos, restabeleceu o senso de identidade e comunidade para um sem número de indivíduos alienados uns dos outros pelas rápidas mudanças socioeconômicas.

Abordagem relacionada com a dos teóricos da "sociedade de massas" foi adotada entre as duas guerras por psicólogos como Erich Fromm e Wilhelm Reich, que empregaram suas respectivas versões da teoria psicanalítica de Freud para explicar a sensibilidade dos indivíduos e das massas ao apelo do fascismo. É ocioso dizer que essa categorização do fascismo como um tipo de transtorno psicopatológico *não* era simpática aos fascistas reais. Entre as décadas de 1960 e 1980 um tipo correlato de análise foi adotado por uma escola autodenominada "psico-historiadores"; embora na época tenha sido moda (sempre alimentada principalmente pelo interesse no nazismo), hoje parece estar esgotada.

Em vista do explosivo advento da "política de massas" na Itália entre 1912 e 1922, está claro que a rápida ascensão do fascismo italiano *tinha* relação com os tipos de mudanças mencionados acima e com a incapacidade dos partidos políticos existentes de abraçar e representar as novas forças criadas por eles. Está claro também que um entendimento confiável das forças psicológicas que impeliram individualmente os fascistas – fossem eles líderes, ativistas ou meros seguidores – é valioso, se e quando podemos atingi-lo. O que não convence na maioria das abordagens ao fascismo em termos de "sociedade de massas"– que tendem, em todo caso, a ser indevidamente influenciadas pelo caso da Alemanha – são as noções, primeiro, de que as novas massas eram predominantemente "amorfas", irracionais, essencialmente passivas, portanto manipuladas, e, segundo, de que se pode diagnosticar convenientemente o fascismo como um transtorno psicológico das massas. Os historiadores, afinal, precisam construir seus argumentos com base nos sólidos fundamentos da pesquisa empírica, e as abundantes evidências históricas acumuladas desde a década de 1960 dão fortes indicações de que, pelo menos no caso italiano, os que desposaram o fascismo, num nível ou noutro, em sua grande maioria fizeram-no como resultado de uma avaliação racional – o que, claro, não quer dizer correta – de seus interesses e, muitas vezes, de forte identificação de classe ou grupo.

## Fascismo, capitalismo e classe

Importante e duradoura linha de estudo e análise do fascismo, tanto em sua forma italiana específica quanto em sua forma mais ampla, "genérica", insistia nas suas relações com o sistema capitalista financeiro e econômico e nos conflitos de classe por ele gerados. Nas décadas de 1920 e 1930, os marxistas europeus, em especial os que seguiam a liderança de Moscou, produziram uma série de análises do fascismo, segundo as quais, na origem, ele foi criação de poderosos interesses capitalistas e, depois, no poder, serviu-lhes de instrumento. O capitalismo italiano, insistiam eles, no início da década de 1920 era incapaz de continuar a expandir-se e, por isso, criou o fascismo, para reprimir os trabalhadores e impor uma economia estática e protecionista à Itália. Na medida em que tais interpretações estavam preocupadas com o apoio popular do fascismo, isso significava reduzir esse apoio à classe média baixa ou "pequena burguesia". Subjetivamente encurralados entre capitalismo e movimento operário, e objetivamente condenados à extinção através da "proletarização", os amedrontados membros desse estrato social em mobilidade descendente debandaram para o fascismo em busca daquilo que — ainda que não percebessem — poderia ser apenas uma proteção temporária contra a inevitabilidade histórica.

Como foi mostrado, sem dúvida existia íntima relação entre o regime fascista e os capitalistas financeiros, industriais e agrários da Itália. Na verdade, provavelmente não é exagero dizer que, sem a ajuda deles, os *fasci* iniciais não se teriam recuperado de seus primeiros malogros, e que o regime fascista, portanto, nunca teria nascido. A explicação do marxismo ortodoxo entre as guerras, porém, era falho em vários aspectos, conforme foi reconhecido por comunistas italianos perspicazes, como Antonio Gramsci e Palmiro Togliatti. Em primeiro lugar, ignorou ou, na melhor das hipóteses, entendeu mal a importância da adesão das massas ao fascismo e do surgimento deste independentemente dos interesses capitalistas. Em segundo lugar, deixou de explicar adequadamente por que, naquele contexto em particular, os capitalistas optaram por manter com uma força imprevisível como o fascismo uma aliança cujo caráter era *político*, e não apenas instrumental, em vez de acomodar-se politicamente com um liberalismo que, afinal das contas, continuava firme defensor do capitalismo. Em terceiro lugar, exagerava a importância de tais interesses na formulação da política dentro do Estado fascista. Embora a influência deles na política financeira e econômica fosse bem real, instalada a ditadura essa influência raramente a *determinou*, preferindo atuar por meio de uma dialética complexa com as forças do regime. No que se refere à esfera da política externa, que se tornava cada vez mais crucial e na qual, segundo os marxistas ortodoxos, as necessidades do capitalismo deviam ter sido decisivas, foi provavelmente nela que sua influência se fez sentir menos. Finalmente, o retrato feito pelo marxismo ortodoxo de uma economia estática ou em contração sob o fascismo era simplesmente inexato, pois, embora decerto seja possível exagerar o sucesso expansionista do fascismo italiano, também seria impreciso desconsiderá-lo ou descartá-lo completamente. Gramsci e Togliatti, evidentemente, não aconselharam a ficar sem o essencial ao descartar o supérfluo. As relações do fascismo com o capitalismo sem dúvida existiram e precisam ser enfatizadas, mas assumiram formas mais sutis do que a ortodoxia stalinista admitia: formas que exigiam análise cuidadosa e disposição para levar a sério a adesão dos diferentes grupos sociais ao fascismo.

Embora decerto não seja necessário ser marxista para achar que o conceito de "classe" é útil para entender o fascismo italiano, o fato de se ter sido marxista no passado pode significar alguma coisa. Entre o início da década de 1960 e a época de sua morte, em 1996, o historiador italiano Renzo De Felice, membro do Partido Comunista no início da vida adulta, produziu uma obra substancial sobre o fascismo, destacando-se os vários volumes de uma biografia monumental de Mussolini. Nesse processo, De Felice apresentou uma interpretação do fascismo que suscitou grande controvérsia, especialmente na própria Itália, onde, como já se notou, o fascismo não é uma questão de história distante, mas de recordação pessoal e de paixões persistentes. De Felice insistia que o fascismo italiano tem raízes ideológicas e culturais cujas origens remontam ao Iluminismo setecentista e tem o direito de ser tratado pelos historiadores com o mesmo respeito intelectual dispensado ao liberalismo ou ao socialismo. Ele fez uma distinção que considerava crucial entre o fascismo como *movimento* e o fascismo como *regime,* argumentando que o movimento fascista era principalmente de uma "classe média emergente" forjada pelas mudanças econômicas e pelos movimentos populacionais dos anos seguintes a 1890. Essa classe almejava competir pelo poder com a tradicional classe política liberal – na verdade, tomar seu lugar. Seu espírito, conforme De Felice, era "vital", "otimista" e criativo; suas ideologias eram os "racionais" produtivismo e corporativismo; em resumo, era um "fenômeno revolucionário" que discrepava da classe média baixa retratada pela maioria dos marxistas e vista por eles como principal base social do fascismo. De Felice, porém, reconhecia as concessões feitas por Mussolini para ganhar poder. O regime fascista resultante, conforme admitia, em muitos aspectos era um "regime conservador" contra o qual lutava aquilo que ele chamava de "fascismo como movimento" – o impulso revolucionário dentro do fascismo –, com pouco sucesso, até o derradeiro momento. Segundo De Felice, um regime fascista não era uma inevitabilidade. Os aliados conservadores de Mussolini poderiam ter evitado a ascensão do fascismo ao poder e, na verdade, revigorar o liberalismo, mas optaram por não o fazer. Contudo – concluía –, persistia a ameaça "totalitária" a esses interesses conservadores, e, não tivesse a guerra dado fim ao fascismo italiano, ela poderia ter-se intensificado.

As conclusões de De Felice sobre o papel de uma "classe média emergente" foram no geral mais aceitas (ainda que com níveis variáveis de qualificação) pelos outros historiadores do que seus pontos de vista sobre o otimismo e a criatividade do movimento fascista; estes – afirmam seus críticos – levaram-no a dar atenção insuficiente ao lado negativo e brutal do fascismo, que era no mínimo igualmente proeminente. Seu legado, porém, continua poderoso e contribuiu muito para inspirar o que veio a ser rotulado de historiografia "antiantifascista". Esse fenômeno será explorado abaixo, na seção final deste capítulo.

## Fascismo, totalitarismo e modernização

Uma abordagem ao fascismo, que já foi popular e agora volta à tona em forma modificada depois de um quarto de século no ostracismo, focaliza sua relação com o "totalitarismo". Em sua encarnação original, essa abordagem considerava o fascismo italiano como mera versão do "totalitarismo", fenômeno muito mais amplo que abarca ditaduras de esquerda e de direita. A "teoria do totalitarismo" concentrava-se na estrutura e na atuação dos chamados regimes totalitários, e não nos distintos movimentos a partir dos quais esses regimes surgiram ou nos diferentes contextos históricos que lhes possibilitaram atingir o poder. Os proponentes originais da "teoria do totalitarismo" ressaltavam as características consideradas comuns aos regimes totalitários: culto ao líder e à liderança; partido único; ideologia oficial; economia dirigida; monopólio da informação e poder repressivo por parte do Estado. Concluíam que as similaridades entre os supostos tipos diferentes de regime totalitário superavam em muito as diferenças.

O auge da teoria do totalitarismo ocorreu na primeira parte da Guerra Fria, desde o fim da Segunda Guerra Mundial até o início da década de 1960. Durante esse período, o conceito de totalitarismo foi empregado por cientistas políticos, sobretudo americanos ou que atuavam nos Estados Unidos, para ressaltar as semelhanças entre o novo inimigo da democracia ocidental, o comunismo soviético e chinês, e os antigos inimigos, fascismo e nacional-socialismo. A seu favor havia (e ainda há) o fato inegável de que, para a maioria da população, a vida numa forma de regime "totalitário" pode ser muito parecida com a vida em outro. Sob o fascismo e o comunismo, desaparecem as liberdades liberais fundamentais – de expressão, publicação e informação, locomoção e reunião, de atividade política e sindical etc. –, ao mesmo tempo em que os frutos do esforço econômico e o exercício do poder sobre os outros são usufruídos desproporcionalmente por minorias: capitalistas ricos e membros da hierarquia partidária sob o fascismo e somente esta última sob o comunismo. Tais semelhanças não devem ser deixadas de lado levianamente, sobretudo pelos que têm experiência pequena ou indireta do que significa ausência de liberdades liberais. Dito isto, a mistura de todos os regimes supostamente totalitários – e a conclusão apressada de que eles realmente *eram* "totais" na prática tal como afirmavam e pareciam ser na superfície – toldou um conjunto de realidades muito mais matizada e questionável. Isso ficou cada vez mais claro a partir de 1960, aproximadamente, à medida que os historiadores começaram a estudar o fascismo, o nazismo e (um pouco depois) o comunismo soviético em lugar dos cientistas políticos. A dissecação a que submeteram os movimentos fascistas em toda a Europa e os regimes fascistas e afins tenderam a trazer à tona as diferenças e as semelhanças entre fascismo e comunismo. No caso italiano, especialmente, a pesquisa histórica, ao enfatizar a distribuição do poder dentro do regime e o impacto do fascismo sobre diferentes áreas da sociedade italiana, revelou até que ponto o objetivo fascista de totalitarismo ficou longe de ser realmente alcançado. É essa visão do fascismo que foi em grande parte adotada aqui.

Portanto, as diferenças entre os regimes comunista e fascista e muito mais entre as ideias, os movimentos e as circunstâncias das quais eles emergiram, respectivamente, continuam sendo claras e importantes. Mesmo assim, o desmantelamento do comunismo soviético e do leste europeu depois de 1989 voltou a abrir as mentes acadêmicas para a possibilidade de o "totalitarismo" ainda ter, afinal, valor conceitual, conquanto por razões muito diferentes das que outrora prevaleciam. Agora, o interesse pelo "totalitarismo" implicava uma síntese entre a tese original e a "antítese" apresentada por historiadores céticos. Em primeiro lugar, a maneira como o comunismo soviético se desmantelou indicava fraquezas graves e, em última análise, fatais por trás da fachada totalitária e indicava que os regimes comunistas, afinal, não eram "mais totalitários" que os fascistas. Outro fenômeno pós-comunista surpreendente foi a propensão de alguns ex-comunistas a adotar um nacionalismo autoritário no estilo fascista, às vezes de inspiração racial. Esses e outros desdobramentos voltaram a chamar a atenção dos estudiosos para as áreas onde fosse possível dizer que o fascismo e o comunismo tiveram características comuns.

Uma linha da tese do "totalitarismo" conseguiu sobreviver aos anos em que esteve fora de moda. Desde a década de 1970, alguns escritores que trataram do fascismo italiano, entre os quais se contavam uma maioria não marxista e uma minoria marxista, optaram por vê-lo como fenômeno relacionado com o atraso econômico da Itália e com tentativas de "modernização". Foram feitas comparações (notadamente pelo controvertido estudioso americano A.J. Gregor) com outras ditaduras do século XX, tendo em mira a rápida industrialização de uma economia em atraso — que, conforme afirma Gregor, foi o caso do fascismo italiano. O caso mais óbvio é o da União Soviética sob Stalin, que, tal como o fascismo italiano, também controlava o trabalho, ditava salários e direcionava os investimentos para a indústria pesada. Gregor, ressaltando as linhas de marxismo dissidente e de sindicalismo revolucionário dentro do sistema de raiz do fascismo, chega a ponto de considerar que os dois regimes estão relacionados não só do ponto de vista funcional, mas também ideológico.

Foi variada a reação acadêmica ao retrato feito por Gregor e outros do fascismo como "ditadura modernizante". Embora alguns historiadores da economia acreditem que no caso italiano a tentativa de modernização falhou devido à deferência de Mussolini aos interesses econômicos "tradicionais", outros consideram que o fascismo de fato desempenhou algum papel na "modernização" de uma economia que, apesar de todo o desenvolvimento ocorrido desde 1900, ainda estava atrasada depois da guerra de 1914-1918. Em apoio a esta última visão há estatísticas econômicas gerais que tratam globalmente da produção e do investimento, do desenvolvimento dos setores industriais e agrícolas "modernos" sob o fascismo, e da linha "produtivista" que permeou o regime. Seus críticos, porém, advertiram para não se confundir com intencionalidade a frequente improvisação da política econômica do fascismo; para não se ignorarem a extensão e o caráter do desenvolvimento industrial pré-fascista, que influenciaram a forma que este assumiu durante o fascismo; e para não se aceitar literalmente o impressionante aparato da intervenção estatal, uma vez que os interesses privados continuavam a beneficiar-se das atividades do IRI e do Estado corporativo. Se a modernização da Itália seria maior ou menor sem o fascismo é coisa que nunca poderemos saber; se o próprio fascismo foi responsável pela modernização que ocorreu é problemático afirmar; em todo caso, ver o fascismo apenas ou principalmente nesses termos é prestar pouca atenção à maneira como ele surgiu e ao custo humano das duas décadas em que esteve no poder.

## Fascismo, "religião política" e "renascimento nacional"

Desde que os cientistas políticos e os historiadores começaram a examinar a natureza do fascismo italiano, houve tensões entre duas amplas posições interpretativas. Uma, inaugurada talvez pelos cientistas políticos americanos que examinaram e descreveram com tanto empenho os supostos mecanismos do Estado corporativo, viu o fascismo, pode-se dizer, em *seus próprios termos,* tratando com alguma seriedade tanto de sua ideologia oficial quanto dos feitos propagandeados. A outra abordagem, que mais nos ocupou até agora, encarou com ceticismo a maioria dos aspectos do fascismo: sua ideologia como incoerente, e suas realizações domésticas como superficiais.

Numa forma ou noutra, foi a última tendência que dominou os estudos acadêmicos acerca do fascismo. Quem tiver lido este estudo com atenção poderá concluir que ela continua bem viva. No entanto, é conveniente reconhecer que durante as últimas duas décadas essa visão fundamentalmente negativa do fascismo foi seriamente contestada por uma nova geração de estudiosos que encarou de modo bem diferente o fascismo italiano – e, na verdade, fenômeno mais amplo do fascismo comparativo. É possível identificar duas fontes intelectuais principais dessa revisão. A primeira, já apresentada, consiste na obra de Renzo De Felice e em sua rejeição àquilo que seus seguidores consideram "antifascismo" preconceituoso como válido ponto de partida intelectual para o estudo de Mussolini e de seu regime. A segunda é a inexorável ascensão, desde a década de 1980, da história cultural, da história das ideias, dos estudos culturais e da análise do discurso. A influência de De Felice entre os historiadores italianos do fascismo – vários dos quais eram seus alunos e seguidores – foi enorme (ainda que não incontestada); fora da Itália ela foi apreciável. Seu efeito global foi impulsionar aquilo que veio a ser chamado de história "antiantifascista" do fascismo. Isso implica ressaltar quaisquer elementos "idealísticos" ou conscientemente "revolucionários" que seja possível discernir no fascismo e classificar como extrínsecos ao fascismo "essencial" aspectos inconvenientes como a aliança com o nazismo, a política racial, a entrada na Segunda Guerra Mundial e os caprichos pessoais do Duce.

A influência da história cultural sobre os sucessores de De Felice, com sua assimilação da "virada linguística", da análise do discurso, do pós-estruturalismo etc., levou-os a ver como bem mais que superficiais os aspectos culturais, iconográficos e propagandísticos do fascismo. O ilustre, prolífico e influente estudioso italiano Emilio Gentile (não confundir com o ministro da Educação fascista) defendeu com pujança e persuasivamente aquilo que poderia ser visto como uma nova "tese do totalitarismo", baseada numa compreensão mais "cultural" que "estrutural" do fascismo. Gentile propõe que o regime fascista e uma parcela significativa dos membros do seu governo eram genuinamente guiados pelo propósito do totalitarismo e de uma revolução que seria cultural, e não social. Essa vertente dentro do fascismo – insiste ele – deve ser levada a sério, não simplesmente no nível da fantasia e da retórica, mas no da convicção e das realizações. O fascismo – conclui Gentile – *era* totalitário na convicção de seus escalões dirigentes e em sua determinação de impor um programa de "revolução antropológica": ou seja, programa que transformaria a mentalidade individual e coletiva dos italianos. Para seus ideólogos fervorosos, que Gentile considera mais numerosos, mais sinceros e mais fundamentais para o fascismo do que muitos historiadores antes dele teriam acreditado, o fascismo era uma verdadeira "religião política", de uma maneira que ia muito além do mero ritual pseudorreligioso.

Ao mesmo tempo que extrai força de uma reavaliação mais ampla do fascismo, a obra de Gentile também contribui com ela; essa reavaliação vê o fascismo comparativamente ou (para usar jargão comum) *genericamente* e está em andamento desde 1990, mais ou menos. Representa a última fase de uma busca infindável (e nunca inteiramente bem-sucedida), por parte de historiadores e cientistas sociais, de uma *definição* satisfatória de fascismo. A definição mais amplamente adotada desde o início da década de 1990 tem sido, inquestionavelmente, a do historiador das ideias Roger Griffin, que identifica o fascismo – portanto, o fascismo italiano – com "ultranacionalismo populista" e (de modo mais significativo) com o desejo de "renascimento nacional" ou *palingenesia*. A elaboração do fascismo segundo essa definição de Griffin teve aceitação generalizada entre os estudiosos, ainda que talvez não com o grau de "consenso" que ele reivindicava. Como historiador das ideias, ele defende com energia que a história intelectual do fascismo deve ser estudada seriamente, considerando-se seu núcleo ideológico como algo *essencial* à sua natureza e, na verdade, à sua prática.

Pode-se, portanto, dizer que os pontos de vista representados por Gentile e Griffin, distintos em si, mas capazes de respaldar-se mutuamente no que se refere ao fascismo, refletem a renovação do interesse e do respeito intelectual no que tange a ideias, ideologia, propósitos declarados e – pelo menos numa Itália em transformação cultural – realizações do fascismo. O trabalho dos dois estudiosos é importante e instigante. Gentile obriga-nos a reavaliar o que a maioria dos estudiosos considerava superficialidade e o ardil das realizações do fascismo. Griffin e outros historiadores das ideias que se dedicam ao fascismo exigem que olhemos mais de perto para as fontes intelectuais e para o teor intelectual do fascismo, e que consideremos se aí não estaria a chave para uma compreensão mais aprofundada desse fenômeno desafiador.

No entanto, é necessário introduzir aqui uma advertência a todos quantos empreendam o estudo do fascismo e de seu extraordinário líder: cuidado com o ilusionismo fascista. O fascismo podia ou não ser bom em várias coisas, mas era extremamente bem-sucedido em criar aparências e depois convencer os observadores a confundir tais aparências com a realidade. A sensibilidade acadêmica à ideia de que a teoria fascista gerou a prática fascista e de que a exposição popular à propaganda astuta e saturante era promessa de "revolução antropológica" é infelizmente ajudada por algumas das formas menos rigorosas de história cultural em voga, especialmente quando estas são acompanhadas pela negligência para com as exigências mais espinhosas da história social. Esta, quando e onde ainda praticada, continua a indicar que o fascismo era muito mais e também muito menos do que afirmava ser.

# Conclusão

À medida que se avolumam os trabalhos historiográficos sérios sobre os diferentes aspectos do fascismo italiano e a passagem do tempo possibilita ter uma perspectiva mais clara e objetividade maior, fica evidente a complexidade do fenômeno. As condições subjacentes – que, está claro, não constituíram *causas* – surgiram da incapacidade dos liberais italianos, durante e imediatamente após o *Risorgimento*, para envolver mais a população nas questões nacionais. Mesmo com a passagem dos anos, os líderes do país demoraram a mover-se resolutamente para um sistema político de bases mais amplas. Quando de fato se teve uma democracia maior, ela ocorreu com explosiva rapidez – entre 1912 e 1922 –, num momento em que a Itália enfrentava os efeitos convulsivos da guerra, das crises econômicas do pós-guerra, da desmobilização das massas, do nacionalismo frustrado e da agitação social aguda. Tais problemas, entre os quais a agitação social provavelmente era o mais importante, poderiam ter sido mais facilmente absorvidos por um sistema parlamentar já estabelecido. O azar da Itália liberal foi enfrentar ao mesmo tempo o conflito social agudo e o ingresso das "massas" no cenário político. Pior ainda, na Itália "democrática" do pós-guerra, centenas de milhares ou talvez milhões de italianos não tinham filiação política habitual ou óbvia. Entre eles havia dois grandes grupos sobrepostos: veteranos de guerra, não recompensados por seus sacrifícios e depreciados pela esquerda, e elementos variados da classe média, alguns dos quais certamente condizentes com o quadro pintado por De Felice, de classe ambiciosa em ascensão, e outros, especialmente na área rural, mais assemelhados à pequena burguesia temerosa e decadente das explicações marxistas. Esses italianos, que não estavam ligados ao liberalismo tradicional, ao catolicismo político, nem ainda ao socialismo, constituíram as bases do movimento fascista que alcançou proeminência entre 1920 e 1922.

O fascismo obteve o poder não por meio de revolução – ainda que a *ameaça* de revolução o tenha influenciado –, mas como resultado das composições de Mussolini com interesses conservadores e ostensivamente liberais. Muitos dos ativistas do fascismo obtiveram cargos, status e certo poder dentro do regime que depois emergiu, mas a revolução total com que alguns fascistas tinham sonhado nunca se materializou. Em vez disso, evoluiu-se para um regime fortemente fascista na aparência externa, limitado em seu suposto totalitarismo pela sobrevivência de forças autônomas, sobretudo conservadoras, e distinguido pelo poder pessoal de Mussolini, seu Duce. Embora seja possível dizer que o regime de Mussolini serviu os interesses de seus aliados conservadores em certos aspectos, não se pode dizer que houve intenção deliberada e constante nesse sentido, nem que isso estava necessariamente fadado a ser permanente. Na década de 1930 as decisões que mais certamente afetariam o futuro da Itália estavam no campo da política externa e não residiam nas mãos dos capitalistas ou dos fascistas militantes, mas nas do próprio Mussolini. Foram essas decisões, tomadas de modo independente e cada vez mais contra a vontade de seus simpatizantes conservadores, que levaram à queda de Mussolini e ao colapso do fascismo.

As razões das insuficiências do fascismo como regime supostamente revolucionário e totalitário, de suas deficiências e derrotas militares, de seu declínio e queda final, bem como da humilhação pessoal de seu líder não serão encontradas em equívocos políticos evitáveis ou em erros de julgamento. Ao contrário, resultaram de características inerentes ao próprio fascismo: a natureza pouco definida de suas ideias básicas; as composições políticas essenciais para o poder, mas fatais para o radicalismo doméstico; a sensibilidade a um expansionismo imperialista que não podia ser sustentado pela economia fascista nem pelo militarismo cultural fascista; e um culto à liderança do qual ele não conseguiu escapar quando seu líder mostrou que já não era digno (considerando-se que alguma vez tenha sido) da veneração de seus seguidores.

# Referências bibliográficas

*O local de publicação é Londres, a não ser que conste indicação diferente.*

Uma vez que o fascismo italiano deve ser entendido dentro do contexto histórico mais amplo da Itália após a Unificação, poderão ser úteis algumas excelentes obras gerais sobre história moderna da Itália. Duas delas são os trabalhos relativamente breves de Harry Hearder e Jonathan Morris, *Italy: A Short History* (Cambridge, Cambridge University Press, 2001) and Christopher Duggan, A *Concise History of Italy* (Cambridge, Cambridge University Press, 1994). Destacam-se duas histórias gerais mais longas e detalhadas: a clássica, de Denis Mack Smith, *Italy: A Modern History* (Ami Arbor MI, University of Michigan Press, 2ª ed., 1969), e a mais atualizada de Martin Clark, *Modern Italy 1871-1982* (Longman, 1984). Também útil é: Jonathan Dunnage, *A Social History of Italy in the Twentieth Century* (Longman, 2002).

Há vários estudos bons e mais ou menos concisos sobre o fascismo italiano, mas neste espaço cabe sugerir apenas dois: Alexander De Grand, *Italian Fascism* (Lincoln NE, University of Nebraska Press, 2ª ed., 1989) e Philip Morgan, *Italian Fascism 1915-1945* (Palgrave Macmillan, 2003). Podem ser encontrados apanhados gerais em S.J. Woolf, "Italy", in S.J. Woolf (org.), *Fascism in Europe* (Methuen, 1981), pp. 39-64; Adrian Lyttelton, "Italian Fascism", in Walter Laqueur (org.), *Fascism. A Reader's Guide* (Wildwood House, 1976), pp. 125-50; e Roland Sarti, "Italian fascism: radical politics and conservative goals", in Martin Blinkhorn (org.), *Fascists and Conservatives* (Unwin Hyman, 1990), pp. 14-30. A obra de David Forgacs (org.), *Rethinking Italian Fascism* (Lawrence & Wishart, 1986), é uma interessante coleção de ensaios sobre vários temas. Finalmente, R.J.B. Bosworth, *The Italian Dictatorship: Problems and Perspectives in the Interpretation of Mussolini and Fascism* (Arnold, 1998), contem uma análise sensata e combativa da historiografia do fascismo italiano quase até o fim do século XX.

Dois importantes estudos das ideias e da ideologia fascista são: Emilio Gentile, *The Origins of Fascist Ideology 1918-1925* (Enigma Books, 2005) e Zeev Sternhell et al., *The Birth of Fascist Ideology: From Cultural Revolution to Political Rebellion* (Princeton NJ, Princeton University Press, 1994); também estimulante é: A. James Gregor, *Young Mussolini and the Intellectual Origins of Fascism* (Berkeley CA, University of California Press, 1979). Sobre a fundação do fascismo, sua ascensão ao poder e os estágios iniciais da ditadura fascista, é excepcional em detalhes o de Adrian Lyttelton, *The Seizure of Power: Fascism in Italy, 1919-29* (Weidenfeld & Nicolson, 1973; 2ª ed., Princeton NJ, Princeton University' Press, 1989). Estudo contemporâneo útil e perspicaz do ponto de vista da esquerda democrática da Itália é: A. Rossi (também conhecido como A. Tasca), *The Rise of Italian Fascism* (Nova York, Gordon Press, 1976).

Vários estudos regionais focalizam com nitidez a ascensão e o período inicial da história do fascismo. Entre eles: Donald Bell, *Sesto San Giovann: Workers, Culture and Politics in an Italian Town, 1880-1922* (New Brunswick NJ, Rotgers University Press, 1986); Anthony L. Cardoza, *Agrarian Elites and Italian Fascism: The Province of Bologna 1901-1926* (Princeton NJ, Princeton University Press, 1982); Paul Corner, *Fascism in Ferrara* (Oxford, Oxford University Press, 1974); Alice Kelikian, *Town and Country under Fascism: The Tranformation of Brescia, 1915-26* (Oxford, Clarendon Press, 1986); Frank Snowden, *Violence and Great Estates in the South* of *Italy* (Cambridge, Cambridge University Press, 1986) e *The Fascist Revolution in Tuscany, 1919-22* (Cambridge, Cambridge University Press, 1989).

Estudo inovador e fascinante da experiência do fascismo na Itália é o de R.J.B. Bosworth, *Mussolini's Italy* (Penguin/ Allen Lane, 2005). Bem mais antigo, porém ainda útil: Edward R. Tannenbaum, *Fascism in Italy: Society and Culture, 1922-45* (Allen Lane, 1972). Aspectos específicos da história social italiana durante o fascismo são analisados em Victoria De

Grazia, *The Culture of Consent: Mass Organization of Leisure in Fascist Italy* (Cambridge, Cambridge University Press, 1981) e *How Fascism Ruled Women. Italy 1922-1945* (Berkeley CA, University of California Press, 1992); Christopher Duggan, *Fascism and the Mafia* (New Haven CT, Yale University Press, 1989); Tracy Koon, *Believe, Obey, Fight; Political Socialization of Youth in Fascist Italy 1922-1943* (Chapel Hill NC, University of North Carolina Press, 1985); Luisa Passerini, *Fascism in Popular Memory: The Cultural Experience of the Turin Working Class* (Cambridge, Cambridge University Press, 1987); e P.R. Willson, *The Clockwork Factory: Women and Work in Fascist Italy* (Oxford, Oxford University Press, 1993).

As relações do fascismo com as altas finanças são analisadas em Roland Sarti, *Fascism and the Industrial Leadership in Italy* (Berkeley, CA, University of California Press, 1971); com o Vaticano: D.A. Binchy, *Church and State in Fascist Italy* (Oxford University Press, 1970) e John Pollard, *The Vatican and Italian Fascism, 1929-32* (Cambridge, Cambridge University Press, 1985).

Sobre o totalitarismo fascista, ver especialmente Emilio Gentile, *The Italian Road to Totalitarianism* (Routledge, 2006) e *The Sacralization of Politics in Fascist Italy* (Cambridge MA, Harvard University Press, 1996). A argumentação a favor do fascismo como "ditadura modernizadora" se encontra em A. James Gregor, *Italian Fascism and Developmental Dictatorship* (Princeton NJ, Princeton University Press, 1979). Três livros tratam de importantes correntes dentro do fascismo. A direita nacionalista é examinada em Alexander De Grand, *The Italian Nationalist Association and the Rise of Fascism in Italy* (Lincoln NE, University of Nebraska Press, 1978); a "esquerda" sindicalista em: David D. Roberts, *The Syndicalist Tradition and Italian Fascism* (Manchester, Manchester University Press, 1979). A intelligentsia fascista é estudada em: Michael Ledeen, *Universal Fascism* (Nova York, Howard Fertig Inc., 1972).

Sobre política externa, imperialismo e guerra, ver Denis Mack Smith, *Mussolini's Roman Empire* (Penguin, 1976); G.W. Baer, *The Coming of the Italo-Ethiopian War* (Cambridge MA, Harvard University Press, 1967); Claudio Segrè, *Fourth Shore: the Italian Colonization of Libya* (Chicago IL, University of Chicago Press, 1988); Esmonde M. Robertson, *Mussolini as Empire-Builder: Europe and Africa, 1932-36* (Macmillan, 1977); and MacGregor Knox, *Mussolini Unleashed. Politics and Strategy in Fascist Italy's Last War* (Cambridge, Cambridge University Press, 1982).

Aristotle Kallis, *Fascist Ideology: Territory and Expansionism in Italy and Germany, 1922-1945* (Routledge, 2000) explora os fundamentos ideológicos do expansionismo fascista (e nazista).

Há muitas biografias de Mussolini em inglês, mas três se destacam. R.J.B. Bosworth, *Mussolini* (Arnold, 2002) é excepcional, mas Denis Mack Smith, *Mussolini* (Granada, 1983) continua imensamente valiosa, enquanto Martin Clark, *Mussolini* (Longman, 2005) é uma excelente alternativa mais breve. Infelizmente, os vários volumes da biografia escrita por Renzo De Felice's nunca foram publicados em inglês (nem mesmo de forma condensada), mas pelo menos sua interpretação está disponível no seu: *Fascism: An Informal Introduction to its Theory and Practice* (New Brunswick NJ, Transaction Books, 1977). São raras as boas biografias em inglês de outros líderes fascistas, mas a de Claudio Segrè, *Italo Balbo: a Fascist Life* (Berkeley CA, University of California Press, 1988) é uma exceção notável.

Sobre o fascismo "genérico" e, especificamente, o fascismo italiano definido pelo compromisso com o "renascimento nacional", veja Roger Griffin, *The Nature of Fascism* (Pinter, 1991). Dois estudos úteis do fascismo italiano dentro de um contexto muito mais amplo são: Stanley G. Payne, *A History of Fascism* (Madison WI, University of Wisconsin, 1996) e *Fascism. A Comparative Approach Toward a Definition* (Madison WI, University of Wisconsin Press, 1980). Comparações entre a Itália fascista e o Terceiro Reich nazista são apresentadas por: R. Bessel (org.), *Fascist Italy and Nazi Germany: Comparisons and Contrasts* (Cambridge, Cambridge University Press, 1996) e Alexander De Grand, *Fascist Italy and Nazi Cermany: the Fascist Style of Rule* (Cambridge, Cambridge University Press, 1995).

Várias outras obras da Lancaster Pamphlets contêm material pertinente ao que foi discutido aqui. Importante estudo de antecedentes é feito por John Gooch em: *The Unification of Italy*. Os interesses da Itália na África são situados dentro de um cenário internacional mais amplo em J. M. MacKenzie's *The Partition of Africa*. O contexto internacional geral da diplomacia de Mussolini é apresentado em duas brochuras por Ruth Henig, *Versailles and After: Europe 1919-1933* e *The Origins of the Second World*, enquanto a intervenção de Mussolini na Espanha é discutida em Martin Blinkhorn, *Democracy and Civil War in Spain 1931-1939*. Finalmente, o colega ditador de Mussolini é estudado em Dick Geary, *Hitler and Nazism*.

# Índice remissivo

Acordos de Latrão (1929) 70
Ádua, derrota italiana em (1896) 20, 81
agitação social (pós-guerra) 32
*agrari* (grandes proprietários de terras) 21, 33, 39-40, 42-43, 48, 61, 63, 71
agricultura 18, 21-22, 56, 61, 66
    mudanças na Primeira Guerra Mundial 32
Albânia
    anexada pela Itália (1939) 87
    torna-se protetorado italiano (1926) 79
Alemanha 19, 27, 54, 64, 73, 75, 80-82, 86-89, 91-94, 98
    (antes de 1914) comparada com a Itália 19
Arditi 34, 38, 40
Associação Nacionalista Italiana 26
    funde-se com o Partido Fascista (1923) 47-48
    influência dos ex-membros na política externa após 1923 76-77, 81
Áustria 19-20, 27-28, 81, 86
    criação da (1919) 75
    Mussolini e a anexação alemã da (1938) 86

autarquia 63-64, 68
autoritarismo
    e nacionalismo italiano 25
    na virada do século 23

Badoglio, Marechal Pietro
    nomeado primeiro-ministro (1943) 91
    perde o posto de primeiro-ministro (1944) 94
Balbo, Italo 40, 45
Balilla (organização fascista infantil) 55
batalha do trigo 63, 77
batalha dos nascimentos 77
Bianchi, Michele 57
    secretário do PNF 1921-1925 47
*biennio rosso* 32-33
Bonomi, Ivanoe 32
Bottai, Giuseppe 47, 52-53, 57, 59, 90-91
    como ministro das Corporações 59

Caporetto, derrota italiana em (1917) 30-31
Carnaro, Carta de 35

católicos 18, 22, 24, 26, 28, 32, 47, 49, 56, 58, 70
  e crise da intervenção 37
  isolamento em relação à política liberal 8
Confederazione Generale del Lavoro (Confederação Geral do Trabalho, CGL) 32
Chamberlain, Austen 79
Ciano, Conde Galeazzo
  como secretário do exterior 75, 85, 87
  julgamento e execução (1945) 94
  rebaixamento (1943) 90
classe trabalhadora
  sob o fascismo 66-67
Confederação Fascista do Trabalho 57
  *sbloccamento* 58
Confindustria (Confederação da Indústria) 58, 60
Contarini, Salvatore 75
Corfu, ocupação italiana e retirada (1923) 78
Corradini, Enrico 25
Córsega, Nice e Túnis
  cobiçadas por Mussolini 78
crise da intervenção (1914-1915) 37
Crispi, Francesco 19-20, 22
Croce, Benedetto
  visão do Fascismo 95-97

D'Annunzio, Gabriele 25, 34-35, 39, 57, 76, 78
D'Azeglio, Massimo 17
De Felice, Renzo 107
  e "anos do consenso" 73
  influência sobre outros estudiosos 101, 104, 105
  interpretação do fascismo 100-101, 104
De Stefani, Alberto 62
Dollfuss, Engelbert 81

*Dopolavoro* ("após o trabalho": organização) 55, 67, 72
economia
  pós-guerra 30-34
Eixo Roma-Berlim 86, 88
eleições
  1919 31-32, 39
  1921 41
  1924 48
elitismo (e fascismo) 98
emigração 22, 66
Emilia-Romanha 33
Eritreia 20
Espanha. v. Guerra Civil Espanhola
  neutra na Primeira Guerra Mundial 27
Estado corporativo
  construção do (1925-1939) 55
  corporativismo integral 53-55
  ideia e origens ideológicas do 52-53
  natureza e limitações 55-56
Estados Unidos
  declaração de guerra da Itália contra os (1941) 88
Etiópia 80-83
  conquista italiana (1935-1936) 74, 83, 85
  explicada 83
  italianos relutantes em estabelecer-se 66
  perda (1941) 88
  planos italianos sobre, antes de 1900 20
  tratado de amizade da Itália com (1928) 79
EUR 13, 69
exército italiano
  e fascismo 79

Facta, Luigi 32, 42, 44-45

Farinacci, Roberto 40, 45-46, 52, 54, 57, 59, 91
  como secretário do partido 52-53
Fasci di Azione Rivoluzionaria 29, 38
Fascio di Combattimento
formação (1919) 38
Fascismo italiano, v. Mussolini, Benito & PNF (Partido Fascista)
  ascensão ao poder, 1921-1922 46
  base de apoio (1920-1922) 39, 47
  controvérsia sobre 14
  correntes dentro do 52
  depois da derrubada de Mussolini 89
  e economia
    década de 1920 57-58
    década de 1930 59- 60
    efeitos 61-63
  e negócios estrangeiros 80
  e República Social Italiana, 1943-1945 (q.v.) 92
  e totalitarismo 68, 70-73
  entre a Marcha sobre Roma (q.v.) e a ditadura, 1922-1925 41-42, 44-46
  fascismo agrário e *squadrismo* (1920-1922) 40-43
  fundação (1919) 38
  guinada para a direita, 1920-1922 47
  interpretações 95-106
  políticos liberais e (1919-1922) 42
  primeiro programa 38
  remanescentes 13
Federzoni, Luigi 25, 47, 76
  como ministro do Interior (1925-1926) 52
Fiume
  Mussolini conquista pacificamente 78
  ocupação por D'Annunzio (1919-1920) 34-35

Florença 39, 94
França 19-20, 25-28, 36, 75, 77-78, 81-82, 86
  contribuição para a unificação italiana 18
  incursão italiana na (1940) 88
Franco, Francisco 83, 86
Fromm, Erich 97
Futuristas 28-29, 36, 38, 77
  e política externa fascista 77

Garibaldi, batalhão (na Guerra Civil Espanhola) 86
Gênova 19, 21, 33
Gentile, Emilio (historiador)
  obra sobre o Fascismo 105-106
Gentile, Emilio
  ministro da Educação 68
Gibraltar 78
Giolitti, Giovanni 30, 32-33, 35-36, 41-42, 49
  e era Giolitti 23-24
Giuriati, Giovanni
  secretário do partido (1930-1931) 53-54
Gran Sasso
  estada e resgate de Mussolini (1943) 92
Grande Conselho Fascista 48, 53, 90
  reunião de julho de 1943 91
Grandi, Dino 40, 90, 91
  ministro do Exterior (1929-1932) 75, 80
Grécia 18, 79
  ampliação e potencial desafio à Itália 75
  intervenção na Primeira Guerra Mundial 27
  invasão italiana (1940) 88
Gregor, A.J. e modernização fascista 103
Griffin, Roger
  interpretação e definição do fascismo 105-106

Guadalajara, derrota dos italianos fascistas em (1937) 86
Guerra Civil Espanhola
  intervenção italiana 85-86, 88
*Heimwehr* (fascistas austríacas) patrocinados por Mussolini 81
Hitler, Adolf 13, 68, 78, 80-81, 86-90, 92
Horthy, Miklós 79
Hungria, tratado italiano com (1927) 79

*Il Popolo d'Italia* 36-37
imperialismo italiano
  antes da Primeira Guerra Mundial 19
  Império Austro-Húngaro 20, 27, 34, 75, 81, 93
  desmembramento do (1919) 75
  industrialização (no norte da Itália) 21-22
Inglaterra 19-20, 26-28, 36, 64, 75, 77-78, 81-82, 85-86
Instituto da Reconstrução Industrial (IRI) 63, 103
irredentismo italiano 19
Iugoslávia 79
  acordo com (sobre Fiume, 1923) 78
  criação e desafio à Itália 75
  tentativas de subvertê-la por parte da Itália 79

Leão XIII, papa (1878-1903) 56
Lei Acerbo (da reforma eleitoral, 1923) 48
leis raciais fascistas (1938) 89
Levi, Carlo 71, 73
liberais
  e competição fascista pelo poder 41-42
  e crise de intervenção 28
  e Fascismo, 1922-1925 46
liberalismo italiano
  caráter 20-21
  e democracia 20, 23-25
  e Giolitti 23-24
Líbia 20, 24, 36-37
  emigração italiana para (sob o Fascismo) 66
  guerra da 24, 37
  "pacificação" 79, 82-83
Liga das Nações 78, 80, 82
localismo 17

Mack Smith, Denis
  visão do fascismo 96
Máfia 71-72, 88
Malta 78
Marcha sobre Roma 41, 45-46, 53, 76
  décimo aniversário 82
  mito da 42
Marinetti, Filippo 25, 28, v. Futuristas
marxismo, marxistas e interpretação do fascismo 98-100, 103, 108
Matteotti, Giacomo
  assassinado por fascistas (1924) 49, 91
Milão 21, 33, 36, 38-39, 45, 94
modernização e fascismo 103-104
Montreux, Internacional Fascista (1934) 69
Mosca, Gaetano
  e teoria elitista 25, 97
Mosley, Sir Oswald 56, 69
MSVN (Fascista Milícia) 48
mulheres sob o fascismo 65-66
Munique, conferência e acordo 87
Mussolini, Benito 13-15, 24, 29, 35-40, 42, 44-55, 57-58, 60-63, 67-68, 70-72, 74-96, 100, 103-104, 108
  abandona o socialismo 36-37

como socialista 35
de primeiro-ministro a ditador (1922-1925) 45-50
derrubada, prisão e resgate 89-91
e ascensão do fascismo (1919-1922) 38-44
e Guerra Civil Espanhola 85-86
e guerra etíope 63, 79-83
e Hitler 86-90, 92
e intervencionismo 36
e Partido Fascista (PNF) 52-55
e política econômica 62-63
e Primeira Guerra Mundial 37
funda o fascio di combattimento 38
nascimento e começo da vida 35
papel como Duce e culto à personalidade 55, 68-69, 83-84
política externa, 1920-1932 81
presidente da República Social Italiana (1943-1945) 92
tentativa de fuga, captura e morte (1945) 94
visão dos negócios estrangeiros 80

nacionalismo italiano
crítica ao liberalismo 25
nacionalismo italiano
e intervencionismo (1914-1915) 28
Nápoles 17, 44
Nitti, Francesco 32

oposição ao fascismo 73
Orlando, Vittorio Emanuele 30-31, 34
OVRA (Organizzazione Vigilanza Repressione dell'Antifascismo) 51, 72

Pacto de Aço 87, 93
Pacto do Palazzo Chigi (1923) 58
Pacto do Palazzo Vidoni (1925) 58
papado 13, 17-18, 28
    acomodação com o Estado italiano (1929) 70

Pareto, Vilfredo
    e a teoria elitista 25, 97
Partido Fascista v. PNF
Passagem de Brenner 34, 89
Perón, Juan Domingo 56
Petacci, Clara 90, 94
Piemonte 16
Pio XI, Papa 43
PNF (Partido Fascista) 42-44, 47, 51-55, 76, 80-81
    facções 53
    papel durante os anos 1930 54-55, 80-81
    subordinado ao Estado 53-54
política externa italiana
    sob o liberalismo 19
política liberal, natureza
    antes da Primeira Guerra Mundial 17
    após a Primeira Guerra Mundial 32-33
Portugal
    e a Primeira Guerra Mundial 27
PPI (Partido Popular Italiano) 31-32, 46
Primeira Guerra Mundial 23, 26-27, 41, 75
    baixas italianas 30-31
    e economia 30
produtivismo 57, 61, 63, 100
PSI (Partido Socialista Italiano) 22, 24, 26, 28-29, 31-33, 35-37, 39, 42-43, 45, 49
    e crise da intervenção 37
    e Fascismo 44-45

Quota 90 62, 63

regionalismo 17
Reich, Wilhelm 97
República Social Italiana (1943-1945) 13, 92

programa 92
Resistência italiana 92-94
*Risorgimento* 16-19, 34, 96, 107
   ideia de "completá-los" 34
Rocco, Alfredo 25, 52, 57-58
   como ministro da Justiça 52
Roma
   tomada pelos Aliados (1944) 94
Rommel, general Erwin 88
Roselli, irmãos 73
Rossoni, Edmondo 26, 45, 47, 52, 57-59
   e o sindicalismo fascista 57-59

Salandra, Antonio 28-30, 42, 45
Salerno, entrada dos Aliados em (1943) 92
Salò, República de. v. República Social Italiana (1943-1945) 13, 91, 93
secessão do Aventino (1924) 49
Segunda Guerra Mundial
   desempenho italiano na 87-89
Serrati, Giacinto 33
Sicília 17, 22, 29, 71
   invasão dos Aliados (1943) 88-90
sindicalismo revolucionário 26, 36, 103
   e origens do corporativismo 57
sindicalistas revolucionários 36-37, 57
   e intervencionismo (1914-1915) 28
sistema educacional sob o fascismo 65
sociedade de massas (e fascismo) 95-99
Somália italiana 20, 82
Spirito, Ugo
   e totalitarismo 69
*squadrismo* 39, 40, 43, 47, 52-54, 59, 93
*squadristi* 46-48, 52, 76
Starace, Achille 81
   como secretário do partido (1931-1939) 54-55

Sturzo, Luigi 32, 42
Sul (da Itália) 17, 22, 92

teoria do totalitarismo
   e Fascismo 101
teoria psicanalítica (e Fascismo) 97
Toscana 21, 33, 39
totalitarismo (na Itália fascista)
   analisado pelo historiador Emilio Gentile 105-106
   aparência externa 71-72
   ideia fascista de 68
   limitações do 73
Tratado de Londres (1915) 28
Trieste 19, 34
Tríplice Aliança 20, 28
Turati, Augusto 47
   secretário do partido (1926-1930) 53-54
Turim 21, 33

Verona, Congresso de (1943) 93
Versalhes, acordo de paz (1919) 34
vitória mutilada
   ideia de 34-35, 75-76
Vittorio Emanuele III, rei 30, 44
   deixa de exigir a renúncia de Mussolini (1924) 49
   destitui Mussolini (1943) 13, 91
   não gosta da aliança com os alemães 89
   nomeia Badoglio (q.v.) primeiro-ministro (1943) 91
   nomeia Mussolini primeiro-ministro 45
   torna-se imperador da Etiópia 82-83
Vittorio Veneto, vitória italiana em (1917) 30
Volpi, Giuseppe 62

IMPRESSÃO E ACABAMENTO:
YANGRAF Fone/Fax: 2095-7722
www.yangraf.com.br